edition suhrkamp 2799

Schon früh erkannte Chantal Mouffe in den multiplen Krisen unserer Zeit einen »populistischen Moment«. Nun stellt sie ernüchtert fest: Rechte Parteien haben diesen viel erfolgreicher genutzt als linke. Den Grund sieht Mouffe darin, dass Rechtspopulisten und autoritäre Neoliberale geschickt Gefühle manipulieren und das Sicherheitsbedürfnis der Menschen ausbeuten. Linke hingegen setzen mit Projekten wie dem »Green New Deal« rationalistisch allein auf die Kraft des besseren Arguments. Mit ihrer hochaktuellen Intervention knüpft die Politikwissenschaftlerin an ihr Manifest *Für einen linken Populismus* an. Sie entwickelt die Vision einer »Grünen demokratischen Revolution«, die soziale Gerechtigkeit mit ökologischen Zielen verbindet und die Leidenschaften der Menschen mobilisiert.

Chantal Mouffe, geboren 1943 in Charleroi, lehrt Politische Theorie an der University of Westminster. In der edition suhrkamp erschien zuletzt: *Für einen linken Populismus* (es 2729).

Chantal Mouffe

Eine Grüne demokratische Revolution

Linkspopulismus und die Macht der Affekte

Aus dem Englischen von Ulrike Bischoff

Suhrkamp

Die englische Originalausgabe erschien 2022 unter dem Titel
*Towards a Green Democratic Revolution.
Left Populism and the Power of Affects* bei Verso, London.

Klimaneutral
Druckprodukt
ClimatePartner.com/14438-2110-1001

Erste Auflage 2023
edition suhrkamp 2799
Deutsche Erstausgabe

Umschlag gestaltet nach einem Konzept
von Willy Fleckhaus: Rolf Staudt
Satz: Satz-Offizin Hümmer GmbH, Waldbüttelbrunn
Druck: C. H. Beck, Nördlingen
Printed in Germany
ISBN 978-3-518-12799-5

www.suhrkamp.de

Inhalt

Ein Affekt kann nicht anders gehemmt oder aufgehoben werden als durch einen anderen, entgegengesetzten und stärkeren Affekt.
Baruch de Spinoza, *Ethik*, IV.7 (Leipzig 1975 [1677], S. 265)

Weil die Menschen [...] sich mehr von der Affektivität als von der Vernunft leiten lassen, gilt folgendes: Wenn eine Menge natürlicherweise übereinstimmt und meint, von gleichsam einem Geist geleitet zu werden, dann nicht, weil sie von der Vernunft, sondern weil sie von irgendeinem gemeinsamen Affekt geleitet wird.
Baruch de Spinoza, *Politischer Traktat*, VI.1 (*Sämtliche Werke*, Bd. 5.2, Hamburg 2010 [1670], S. 69)

1. Eine neue autoritäre Form des Neoliberalismus

In meinem Buch *Für einen linken Populismus*, das an den diskursiven hegemonialen Ansatz von *Hegemonie und radikale Demokratie* sowie an Ernesto Laclaus Populismusanalyse in *Die populistische Vernunft* anknüpft, habe ich die Lage in Westeuropa in den Jahren nach der Finanzkrise 2008 untersucht. Diese Lage bezeichnete ich als »populistischen Moment«.[1] Er war Ausdruck verschiedener Formen von Widerstand gegen die politischen und wirtschaftlichen Transformationen, die aus dreißig Jahren neoliberaler Hegemonie erwuchsen. Diese Transformationen hatten zu einer Situation geführt, die als »Postdemokratie« charakterisiert wird, um die Erosion der beiden Säulen des demokratischen Ideals zu kennzeichnen: Gleichheit und Volkssouveränität.

In der politischen Arena hat diese Entwicklung eine Konstellation hervorgebracht, die ich in *Über das Politische* als »Postpolitik« gefasst habe.[2] Mit diesem Begriff meine ich den Konsens zwischen Mitte-rechts-

1 Chantal Mouffe, *Für einen linken Populismus*, Berlin: Suhrkamp 2018; Ernesto Laclau und Chantal Mouffe, *Hegemonie und radikale Demokratie. Zur Dekonstruktion des Marxismus*, 6. überarbeitete Auflage, Wien: Passagen 2020 [1985]; Ernesto Laclau, *Die populistische Vernunft*, Wien: Passagen 2022 [2005].

2 Chantal Mouffe, *Über das Politische. Wider die kosmopolitische Illusion*, Frankfurt am Main: Suhrkamp 2007.

und Mitte-links-Parteien, dass es zur neoliberalen Globalisierung keine Alternative gebe. Unter dem Vorwand der durch die Globalisierung erzwungenen »Modernisierung« akzeptierten sozialdemokratische Parteien die Diktate des Finanzkapitalismus und die Grenzen, die sie staatlichen Interventionen im Bereich von Umverteilungsmaßnahmen setzten. Politik wurde zu einer rein technischen Angelegenheit mit dem Ziel, die etablierte Ordnung zu verwalten, zu einer Domäne der Experten. Wahlen bieten keine Gelegenheit mehr, sich über traditionelle »Regierungsparteien« für tatsächliche Alternativen zu entscheiden. Das Einzige, was Postpolitik zulässt, ist ein Machtwechsel zwischen Mitte-rechts und Mitte-links. Somit wurde die Macht des Volkes, einer der Grundpfeiler des demokratischen Ideals, untergraben: Die Volkssouveränität wurde für obsolet erklärt und die Demokratie auf ihre liberale Komponente reduziert.

Diese Veränderungen auf politischer Ebene fanden im Kontext eines neuen Modus kapitalistischer Regulierung statt, in dem Finanzkapital eine zentrale Stellung einnimmt. Die Finanzialisierung hat zu einer erheblichen Ausweitung des Finanzsektors auf Kosten der produktiven Wirtschaftsbereiche geführt. Mit den Auswirkungen der Austeritätspolitik, die nach der Krise 2008 durchgesetzt wurde, erlebten wir eine exponentielle Zunahme der Ungleichheit in europäischen Ländern, vor allem im Süden. Diese Ungleichheit betrifft nicht mehr nur die Arbeiterklasse, sondern auch weite

Teile der Mittelschicht, die in einen Prozess der Verarmung und Prekarisierung geraten ist. Diese Entwicklung hat zum Zusammenbruch des anderen Pfeilers des demokratischen Ideals beigetragen – der Verteidigung der Gleichheit, die ebenfalls aus dem breiteren liberaldemokratischen Diskurs eliminiert wurde. Das Ergebnis neoliberaler Hegemonie ist, dass sowohl sozioökonomisch als auch politisch ein wahrhaft oligarchisches Regime geschaffen wurde. Alle, die sich diesem postdemokratischen »Konsens der Mitte« entgegenstellen, werden als Extremistinnen dargestellt und als Populistinnen denunziert.

Eine der zentralen Thesen dieses Buches lautet, dass der »populistische Moment« im postdemokratischen Kontext zu sehen ist. Um seine Dynamik zu verstehen, ist es notwendig, einen antiessentialistischen Ansatz zu verfolgen, der das »Volk« als eine politische Kategorie begreift, nicht als eine soziologische oder als empirisches Bezugsobjekt. Der für die populistische Strategie charakteristische Gegensatz von »Volk« und »Establishment« lässt sich auf sehr unterschiedliche Weisen konstruieren. In mehreren europäischen Ländern sind gegen das Establishment gerichtete Forderungen von rechtspopulistischen Parteien vereinnahmt worden, die die Ablehnung der Postdemokratie auf autoritäre Weise äußern. Diese Bewegungen konstruieren ein »Volk« durch einen exklusiven ethnonationalistischen Diskurs, der Migrantinnen ausschließt, die als Bedrohung der nationalen Identität und des Wohlstands gelten. Sie treten für eine Demokratie ein, die ausschließlich die Interessen jener verteidigt, die sie für »echte Staatsbürger« halten. Im Namen einer Wiederherstellung der Demokratie fordern sie in Wirklichkeit deren Beschränkung.

Um weitere Erfolge dieser autoritären Bewegungen zu verhindern, ist es meiner Ansicht nach notwendig, die politische Grenze so zu ziehen, dass sie die Demokratie vertieft, statt sie einzuschränken. Das bedeutet, eine linkspopulistische Strategie zu verfolgen, die »ein Volk« zu konstituieren versucht, das auf einer »Äquivalenzkette« zwischen vielfältigen demokratischen Auseinandersetzungen über Fragen der Ausbeutung, Unterdrückung und Diskriminierung aufbaut. Eine solche Strategie läuft darauf hinaus, die »soziale Frage« wieder in den Vordergrund zu rücken und dabei einerseits die zunehmende Fragmentierung und Diversität der »Arbeiterschaft« im Blick zu behalten, andererseits aber auch die Besonderheit der verschiedenen demokratischen Forderungen des Feminismus, Antirassismus und der LGBTQ+-Bewegung zu berücksichtigen. Das Ziel ist die Artikulation eines transversalen »Gemeinwillens«, eines »Volkes«, das geeignet ist, an die Macht zu kommen und eine neue hegemoniale Formation zu etablieren, um einen Prozess in Gang zu setzen, der die Demokratie radikalisiert.

Ein solcher Prozess demokratischer Radikalisierung setzt sich mit den bestehenden politischen Institutionen auseinander und sucht sie durch demokratische Verfahren tiefgreifend zu verändern. Die entsprechende Strategie zielt nicht auf einen radikalen Bruch mit der pluralistischen liberalen Demokratie und die Gründung einer völlig neuen politischen Ordnung ab. Daher unterscheidet sie sich eindeutig sowohl von der revolutionären Strategie der »extremen Linken« als auch vom sterilen Reformismus der Sozialliberalen. Sie ist eine Strategie des »radikalen Reformismus«.

Seit Erscheinen meines Buches *Für einen linken Populismus* 2018 haben mehrere politische Kräfte, die ich dort als Beispiele für die Verfolgung einer »linkspopulistischen« Strategie heranzog – Podemos in Spanien, Jean-Luc Mélenchons La France insoumise und die Labour Party unter Jeremy Corbyn –, eine Reihe von Rückschlägen bei Wahlen erlitten. In Teilen der Linken wird deshalb behauptet, dieses Projekt sei gescheitert und es sei an der Zeit, zu traditionelleren Formen linker Politik zurückzukehren. Jene Rückschläge sind unbestreitbar, jedoch kann man eine politische Strategie nicht aus dem alleinigen Grund verwerfen, dass manche ihrer Anhänger ihre Ziele nicht auf Anhieb erreicht haben.

Diejenigen, die diesen Schluss dennoch ziehen, setzen die linkspopulistische Strategie fälschlicherweise mit einem »Bewegungskrieg« gleich; sie ähnelt aber viel eher einem »Stellungskrieg«, in dem es immer Zeiten des Vormarschs und des Rückzugs gibt. Wenn man nach Gründen für die enttäuschenden Wahlergebnisse von Podemos, Labour und La France insoumise sucht, stellt man zudem fest, dass diese Parteien in der Regel dann schlecht abschneiden, wenn sie ihre frühere linkspopulistische Strategie aufgeben. Als Podemos 2015 und Corbyn und Mélenchon 2017 auf linkspopulistische Kampagnen setzten, gewannen sie zwar nicht, erzielten aber sehr gute Ergebnisse. Erst als sie in späteren Wahlkämpfen eine andere Strategie verfolgten, ging ihr Stimmenanteil zurück. Und als Mélenchon sich im Präsidentschaftswahlkampf 2022 auf den Linkspopulismus zurückbesann, stand er wieder gut da. Ein Zeichen dafür, dass die linkspopulistische Strategie nach wie vor relevant ist und nicht aufgegeben werden sollte.

Sicher, wir befinden uns nicht mehr in einer »heißen« populistischen Phase starker Politisierung, und heute herrschen eindeutig völlig andere Bedingungen als vor der Pandemie. Die wiederholten Lockdowns und die von einigen neoliberalen Regierungen eingeführten Formen der Kontrolle haben öffentliche Demonstrationen gegen die Sparpolitik zum Erliegen gebracht. Im Namen der Bekämpfung des Coronavirus wurden immer autoritärere Maßnahmen durchgesetzt. Keine besonders günstige Zeit, um breiten Widerstand zu organisieren. Es kann jedoch nicht davon die Rede sein, dass die neue Situation eine völlig andere Strategie der Linken erfordert.

Wichtig ist, die Besonderheit dieser durch eine doppelte Herausforderung charakterisierten Lage zu erkennen: Wie sollen wir mit den sozialen und ökonomischen Folgen der Pandemie umgehen und wie mit dem von der Erderwärmung verursachten Klimanotstand? Die Erderwärmung stellt nur einen von vielen Aspekten der Klimakrise dar, aber sie ist unzweifelhaft der augenfälligste, und ihre Folgen sind für viele Menschen unmittelbar spürbar. Wissenschaftler warnen seit Jahrzehnten vor den dramatischen Konsequenzen dieses Phänomens, fanden aber lange kein Gehör. Dank der Mobilisierung der Jugend hat das Klima in der politischen Agenda jedoch eine bedeutende Rolle erhalten. Wenn man eine Antwort auf die neoliberale Offensive ins Auge fasst, lassen sich die soziale und die ökologische Krise, so unterschiedlich sie auch sind, nicht voneinander trennen. Um den Charakter der Kämpfe zu verstehen, in die sie eingebettet sind, ist es aber dennoch hilfreich, sie getrennt zu analysieren.

In diesem Kapitel werde ich die Auswirkungen der Maßnahmen untersuchen, die neoliberale Regierungen ergriffen haben, um mit den sozialen und ökonomischen Folgen der Pandemie umzugehen. Signalisieren sie einen Schritt in Richtung eines »postneoliberalen« Horizonts, wie manche meinen, oder erleben wir vielmehr die Entstehung einer neuen Version des Neoliberalismus, die besser zu der gegenwärtigen Notlage passt?

Die Reaktion der meisten Regierungen auf die Covid-19-Gesundheitskrise war von einem hohen Maß staatlicher Intervention geprägt. Massive Finanzspritzen der Zentralbanken haben viele Firmeninsolvenzen verhindert und es Branchen ermöglicht, zu überleben, ohne dass sie Arbeitskräfte entlassen mussten. Obwohl ein erheblicher Teil der wirtschaftlichen Aktivitäten abrupt zum Erliegen kam, gab es keinen katastrophalen ökonomischen Zusammenbruch, weil diverse Formen von Subventionen und Kurzarbeit umgesetzt wurden. Das überraschende Ausmaß dieser staatlichen Interventionen verleitete Menschen vermutlich zu der Annahme, sie bedeuteten einen Bruch mit neoliberalen Prinzipien. Aber ist das tatsächlich der Fall?

Der Neoliberalismus entstand, um die Gesellschaft vor dem »Kollektivismus« zu schützen, den die marxistische und die keynesianische Theorie propagierten; seit der Gründung der neoliberalen Mont Pèlerin Society im Jahr 1947 ist der erklärte Feind dieser Strömung der interventionistische Staat, von dem Friedrich August Hayek behauptete, er bringe Gesellschaften auf den »Weg zur Knechtschaft«. In den Jahren des Sozialstaates der Nachkriegszeit blieb dieser Ansatz marginal. Nachdem er in Chile unter der Diktatur Augusto Pinochets getestet wurde, konnte der Neoliberalismus seine Konzeption einer freien Marktwirtschaft durchsetzen und den Abbau des Sozialstaates in Angriff nehmen, als Margaret Thatcher 1979 und Ronald Reagan 1981 an die Macht kamen. Wie Milton Friedman erklärte, war der Moment gekommen, dass etwas, das lange politisch unmöglich schien, nun »politisch unausweichlich« wurde.

Die neoliberale Offensive nutzte die Krise des keynesianischen Wirtschaftsmodells, in die es angesichts der

Stagflation (einer von Arbeitslosigkeit begleiteten zunehmenden Inflation) in den siebziger Jahren geraten war, und erklärte, es sei dringend notwendig, die Wirtschaftsstrategie radikal zu ändern. Seine Verfechterinnen beschlossen, den zwischen Kapital und Arbeiterschaft geschlossenen Kompromiss aufzukündigen und den Vorrang des Kapitals wiederherzustellen; sie behaupteten, die wachsenden demokratischen Forderungen und die Macht der Gewerkschaften hätten die Gesellschaft »unregierbar« gemacht. Es sei höchste Zeit, die »Politik zu entthronen«, wie Hayek es formulierte.

An dieser Stelle gilt es zu unterstreichen, dass man zwar verkündete, die neoliberale Politik werde die Menschen von der Tyrannei des Staates befreien und eine Ära der Freiheit einläuten, dass sie aber von Anfang an mit massiven Repressionen gegen ihre Gegner einherging. Das bekamen beispielsweise die Bergleute in Großbritannien und die Gewerkschaften im öffentlichen Sektor der Vereinigten Staaten zu spüren. Der Politikwissenschaftler Andrew Gamble hat auf die zentrale Rolle des Staates in den tatsächlichen Praktiken des Neoliberalismus hingewiesen und festgehalten, man habe eine Strategie der »freien Wirtschaft und des starken Staates« verfolgt.[3] Was es zu beschneiden galt, waren die Umverteilungsfunktion des Staates und seine Rolle in der Wirtschaftsplanung; seine repressiven

3 Andrew Gamble, *The Free Economy and the Strong State. The Politics of Thatcherism*, Durham: Duke University Press 1988.

Funktionen jedoch mussten gestärkt werden, um Eigentumsrechte zu verteidigen und das Funktionieren des freien Marktes zu sichern.

David Harvey erklärt in seiner *Kleinen Geschichte des Neoliberalismus*:

> Der Neoliberalismus ist zunächst einmal eine Theorie politisch-ökonomischen Handelns, die davon ausgeht, dass man den Wohlstand der Menschen optimal fördert, indem man die individuellen unternehmerischen Freiheiten und Fähigkeiten freisetzt, und zwar innerhalb eines institutionellen Rahmens, dessen Kennzeichen gesicherte private Eigentumsrechte, freie Märkte und freier Handel sind. Die Rolle des Staates besteht einfach darin, einen institutionellen Rahmen zu schaffen und zu erhalten, der solchem Wirtschaftshandeln angemessen und förderlich ist.[4]

In dem Buch zeigt Harvey, wie die Hinwendung zum Neoliberalismus seit den siebziger Jahren mit Praktiken der Deregulierung, Privatisierung und des Rückzugs des Staates aus vielen Bereichen der sozialen Daseinsvorsorge einherging.

Durch solche Praktiken gelang es den Neoliberalen, die Vorstellung durchzusetzen, die Freiheit des Marktes sei die Bedingung für die Ausübung individueller Freiheit. Diese Annahme wurde so fest im Alltagsverständnis verankert, dass sie irgendwann als selbstverständlich galt. Nachdem die Ideologie des »Besitzin-

4 David Harvey, *Kleine Geschichte des Neoliberalismus*, Zürich: Rotpunkt 2007, S. 8.

dividualismus« in der Ära des sozialdemokratischen Konsenses der Nachkriegszeit im Zaum gehalten worden war, wurde sie nun wieder zur Matrix vieler gesellschaftlicher Beziehungen.

In Großbritannien startete Margaret Thatcher unter diesem Banner der Freiheit ihre ideologische Offensive gegen die Schlüsselelemente der sozialdemokratischen Hegemonie. Was wie Arbeitslosigkeit zuvor als soziales Problem verstanden worden war, das daher auch einer sozialen Lösung bedurfte, wurde in persönliches Versagen umdefiniert, und staatliche Interventionen galten nun als Form der Unterdrückung. Indem Thatcher die Vorzüge des freien Marktes propagierte, konnte sie die Unterstützung vieler Sektoren gewinnen, die ihr Versprechen, sie von der repressiven Macht des Staates zu befreien, attraktiv fanden.

Der Thatcherismus stieß in weiten Teilen der populären Klassen (*classes populaires*) auf Zustimmung, weil die bürokratische Art, in der viele Sozialleistungen verteilt wurden, Widerstand gegen staatliche Interventionen erzeugt hatte. Thatchers Fähigkeit, sich die in diesem Widerstand mitschwingenden Affekte zunutze zu machen, erklärt ihren Erfolg bei der Umsetzung neoliberaler Maßnahmen in Großbritannien.

Man muss sich außerdem klarmachen, dass der Neoliberalismus (als ökonomisch-politisches Regime) je nach Kontext vielfältige ideologische Formen annehmen kann, denen aber bestimmte Merkmale gemeinsam sind. Und daher sollte man sich davor hüten, eine neue

Version des Neoliberalismus mit einem grundlegenden Bruch zu verwechseln. Der Thatcherismus verband neoliberale Prinzipien mit Neokonservatismus, aber als Tony Blairs New Labour 1997 an die Macht kam, wurden neue Formen etabliert. Die entscheidenden neoliberalen Lehren vereinten sich mit sozialdemokratischen Umverteilungsthemen zu »einer sozialdemokratischen Version des Neoliberalismus«, wie Stuart Hall es nannte.

Die Fähigkeit des Neoliberalismus, sich an unterschiedliche Situationen anzupassen und auf wechselnde Ordnungen des Kapitalismus zu reagieren, zeigte sich darin, wie er Aspekte neuer gegenkultureller Bewegungen aufnahm, was etwa in dem von Luc Boltanski und Ève Chiapello identifizierten »neuen Geist des Kapitalismus« zum Ausdruck kommt.[5] Die Affekte, um die es im Ideal der Selbstverwaltung, im antihierarchischen Anspruch und im Streben nach Authentizität ging, wurden in den Dienst der Entwicklung der postfordistischen, vernetzten Wirtschaft gestellt und in neue Kontrollformen verwandelt. Wie ich in *Agonistik* argumentiert habe, ist dieser Schritt ein Beispiel für das, was Antonio Gramsci als »Hegemonie durch Neutralisierung« oder »passive Revolution« bezeichnet hat: eine Situation, in der Forderungen und Affekte, die eine hegemoniale Ordnung infrage stellen, aufgegriffen und

5 Luc Boltanski und Ève Chiapello, *Der neue Geist des Kapitalismus*, Köln: UVK 2018 [1999].

auf eine Weise befriedigt werden, die ihr subversives Potenzial neutralisiert.[6]

Die neoliberale Offensive der achtziger Jahre war, wie wir gesehen haben, im Grunde eine Reaktion auf den Nachkriegskompromiss zwischen Kapital und Arbeit, eine Reconquista der kapitalistischen Kräfte nach Jahren, in denen sie gezwungen waren, die sozialen und demokratischen Vorstöße der Arbeiterklasse hinzunehmen. Der Staat sollte wieder den Interessen des Kapitals dienen, die Bedingungen der Akkumulation garantieren und die Macht der Wirtschaftseliten wiederherstellen. Harvey merkt an, dass es im Zuge dieser Offensive zwar gelang, den Wirtschaftseliten ihre Macht zurückzugeben, dass sie aber weniger erfolgreich darin war, die globale Kapitalakkumulation nach der Krise der Siebziger anzukurbeln.[7]

Um diesen mangelnden Erfolg zu verstehen, kann man Wolfgang Streecks Buch *Gekaufte Zeit* heranziehen.[8] Er analysiert darin die Entwicklung des demokratischen Kapitalismus seit der neoliberalen Revolution und macht nachvollziehbar, warum die neoliberale Politik die Kapitalakkumulation nicht wiederbeleben konnte. Indem er die Verbindung wirtschaftlicher und politischer Faktoren betont, zeigt er, wie diese Ent-

6 Zit. n. Chantal Mouffe, *Agonistik. Die Welt politisch denken*, Berlin: Suhrkamp 2014, S. 117.

7 Vgl. Harvey, *Kleine Geschichte des Neoliberalismus*, a. a. O.

8 Wolfgang Streeck, *Gekaufte Zeit. Die vertagte Krise des demokratischen Kapitalismus*, Berlin: Suhrkamp 2013.

wicklung seit dem Ende des Zweiten Weltkriegs von den Spannungen zwischen zwei gegensätzlichen Prinzipien des demokratischen Kapitalismus getrieben war: Marktgerechtigkeit und soziale Gerechtigkeit.

Die Geschichte des demokratischen Kapitalismus erzählt Streeck als eine Reihe erfolgloser Versuche, mit seinem zentralen Widerspruch zurechtzukommen: der Notwendigkeit, die Logik kapitalistischer Akkumulation mit demokratischen Institutionen oder die Interessen des Kapitalmarktes mit denen der Wähler in Einklang zu bringen. Die dem demokratischen Kapitalismus innewohnenden Spannungen und die Grenzen staatlicher Politik, sie erfolgreich zu managen, veranschaulicht er anhand der Abfolge von Krisen, die reiche kapitalistische Demokratien seit den siebziger Jahren durchgemacht haben. Das entscheidende Problem war immer, wie man mit den widersprüchlichen Anforderungen der Systemintegration und der sozialen Integration umgehen sollte.

Streeck macht einen dreiphasigen historischen Prozess aus: vom Steuerstaat über den Schuldenstaat zum Konsolidierungsstaat. Inflation in den siebziger Jahren, steigende Staatsschulden in den achtziger Jahren und die Deregulierung privater Kredite – als Ausgleich für eine erste Welle fiskalischer Konsolidierung und Versuche, unter dem Druck vonseiten der Finanzindustrie für *sound money* (gesundes Geld) zu sorgen – in den neunziger Jahren sind allesamt Ausdruck der Unvereinbarkeit zweier normativer Prinzipien: sozialer

Gerechtigkeit und Marktgerechtigkeit. Laut Streeck hat sich der Widerspruch zwischen den Interessen der Bürgerinnen und denen des Marktes in der letzten Phase dieser Entwicklung verschärft, weil der Übergang vom nationalen Schuldenstaat zum internationalen Konsolidierungsstaat unter den Auspizien der Europäischen Union die Macht der Finanzmärkte gestärkt hat.

Streeck sagt voraus, dass sich die Wege des Kapitalismus und der Demokratie trennen werden, weil der Kapitalismus des Konsolidierungsstaates nicht einmal mehr die Illusion eines gerechten Wachstums hervorbringen kann. Es besteht ein unlösbarer Konflikt zwischen einer populären moralischen Ökonomie sozialer Bürgerrechte und einer kapitalistischen Wirtschaft, die – im Einklang mit betriebswirtschaftlichen Bedürfnissen – auf einer Verteilung nach Marktgerechtigkeit besteht. Und er versichert: »Denen, die sich der Marktgerechtigkeit nicht unterwerfen wollten, bliebe bei wirtschaftlich neutralisierten Institutionen der politischen Willensbildung lediglich, was in den späten 1990er Jahren als außerparlamentarischer Protest bezeichnet wurde.«[9]

Gekaufte Zeit erschien 2013, und die seitdem entstandenen Protestbewegungen gegen das Establishment ließen sich durchaus als Bestätigung von Streecks Prognose interpretieren. Der populistische Moment,

9 Ebd., S. 235.

den ich in *Für einen linken Populismus* untersucht habe, war in mancherlei Hinsicht eine Folge der Krise des demokratischen Kapitalismus, vor allem seiner Unfähigkeit, seine Hegemonie im Kontext der von den Finanzmärkten diktierten Austeritätspolitik zu behaupten. Das erklärt den Rückgriff auf autoritäre und repressive Maßnahmen, die die Einhaltung der Regeln einer Gesellschaftsordnung gewährleisten sollten, gegen die sich nun eine wachsende Zahl von Bürgern wehrte. Als die neoliberale Strategie, Menschen durch »Nudging« dazu zu bewegen, sich den Anforderungen des Kapitals unterzuordnen, nicht mehr verfing, war eine solche autoritäre Wende in Ländern zu beobachten, in denen Widerstand (wie etwa im Fall der Gelbwesten in Frankreich) von der Polizei niedergeschlagen wurde.

Ist die Legitimität eines Systems einmal untergraben, werden Proteste gegen autoritäre Maßnahmen und soziale Gegensätze wahrscheinlicher. Genau das habe ich in *Für einen linken Populismus* prognostiziert. Damals nahm ich an, dass es in Form eines Kampfes zwischen Rechts- und Linkspopulismus zu einer »Rückkehr des Politischen« kommen würde. Das war natürlich vor der Pandemie. Nun sehen wir uns mit einer doppelten Krise konfrontiert: dem Klimanotstand und den wirtschaftlichen und sozialen Folgen der Gesundheitskrise. Es steht außer Zweifel, dass die Entstehung des Coronavirus sowie seine weltweite Verbreitung durch die Umweltzerstörung begünstigt wurden, eine Zerstörung, die der Finanzkapitalismus beschleunigt und intensiviert hat. Und diese Pandemie traf nun auf Institutionen der öffentlichen Daseinsvorsorge, die nach Jahrzehnten der neoliberalen Austeritätspolitik massiv geschwächt und vollkommen unvorbereitet waren.

Die Verbreitung des Virus hat also die Kritik des progressiven Lagers bestätigt; daher gehen viele davon aus, dass Corona das Ende der Hegemonie des neoliberalen Kapitalismus eingeläutet hat. Weil die Pandemie bestehende Ungleichheiten und Krisen verschärft hat, so die Logik, würden die Massenproteste mit größerer Vehemenz weitergehen, sobald wir zur Normalität zurückgekehrt sind. Vielleicht behalten sie recht, aber ich fürchte, dass Corona die Legitimitätskrise des Neoliberalismus nicht verschärfen, sondern ihm stattdessen neues Leben einhauchen wird – und zwar weil die Pandemie Affekte wie ein starkes Sicherheits- und Schutzbedürfnis hervorgebracht hat.

Mit dieser These stütze ich mich auf die Lektüre von Karl Polanyis *The Great Transformation*. Darin zeigt Polanyi, wie die Gesellschaften der dreißiger Jahre auf die durch die fortschreitende Kommodifizierung ausgelösten Verwerfungen mit Gegenbewegungen reagierten, um die Wirtschaft wieder stärker an sozialen Bedürfnissen auszurichten.[10] Dieser Widerstand musste freilich nicht unbedingt eine demokratische Form

10 Karl Polanyi, *The Great Transformation. Politische und ökonomische Ursprünge von Gesellschaften und Wirtschaftssystemen*, Frankfurt am Main: Suhrkamp 1973 [1944].

annehmen. Tatsächlich führte er nicht nur zu Roosevelts New Deal, sondern auch zu Faschismus und Stalinismus.

Polanyis Konzept der Gegenbewegung wurde in den letzten Jahren vermehrt herangezogen, um die weltweite Zunahme sozialer Bewegungen gegen den Neoliberalismus zu erklären. Ich finde diesen Aspekt seiner Arbeit erhellend, möchte aber auch auf einen anderen hinweisen, der mir in der gegenwärtigen Lage besonders relevant zu sein scheint: nämlich die Bedeutung, die er dem Bedürfnis beimisst, sich selbst zu schützen. Er zeigt auf, dass dieses Bedürfnis in Gesellschaften, die schwere Störungen ihrer Lebensweise erfahren, eine zentrale Rolle einnimmt und dass Menschen mit großer Wahrscheinlichkeit denjenigen folgen, von denen sie glauben, dass sie diesen Schutz besonders effektiv gewährleisten können.

Wir befinden uns heute in einer Situation, die man auf diese Weise beschreiben könnte. Natürlich sind die Umstände andere als zu Polanyis Zeiten. Aber es steht außer Zweifel, dass die Pandemie tiefgreifende affektive Auswirkungen auf große Teile der Bevölkerung hatte. Von den durch die Pandemie verursachten Störungen waren die Ärmsten und die in prekären Arbeitsverhältnissen Beschäftigten am stärksten betroffen. Doch auch darüber hinaus ist in vielen Bereichen der Gesellschaft ein allgemeines Gefühl der Vulnerabilität entstanden, das in dem Wunsch nach Sicherheit und Schutz zum Ausdruck kommt.

Nun lassen sich progressive oder regressive Antworten auf diesen Wunsch finden. Rechtspopulistinnen können ihn sich zunutze machen, wenn sie Menschen von der Vorstellung überzeugen, im Namen der Sicherheit müsse man Souveränität als exklusiven Nationalismus verstehen. Und für genau diese Überzeugung treten sie ja auch ein. Sie behaupten, die Stimme des Volkes zu sein. Die neoliberalen Eliten und ihre Politik der Globalisierung seien für die Krise verantwortlich, weil sie die nationale Souveränität aufgeben und den Freihandel verteidigen würden. Der gegen das Establishment gerichtete Diskurs von rechts, die Forderung nach Wiederherstellung der Souveränität und die Ablehnung einer Herrschaft transnationaler Unternehmen kommen in den populären Schichten gut an.

Allerdings glaube ich – und zwar im Gegensatz zu dem, was ich in *Für einen linken Populismus* geschrieben habe –, dass in der gegenwärtigen Lage Rechtspopulisten nicht immer als der Hauptgegner gesehen werden sollten. Um es ganz klar zu sagen: In manchen Ländern stellen sie eine ernsthafte Gefahr für die Demokratie dar. Nichtsdestotrotz wäre es falsch, unsere gesamten Energien auf ihre Bekämpfung zu konzentrieren und andere Gegner zu vernachlässigen. Mich beunruhigt beispielsweise die Tatsache, dass neoliberale Regierungen das Gefühl der Vulnerabilität ausnutzen, um eine neoliberale Version von Tech-Autoritarismus zu entwickeln, den sie als die beste Möglichkeit präsentieren, um für Sicherheit und Schutz zu sorgen.

Mit innovativen digitalen Technologien versuchen sie, ihre Macht zu stärken und ihre Legitimität wiederherzustellen.

Auf keinen Fall möchte ich Schützenhilfe leisten für Giorgio Agamben und andere, die behaupten, die Pandemie sei mit dem Ziel inszeniert worden, die Bevölkerung zu kontrollieren. Aber es besteht kein Zweifel, dass Neoliberale sie zu ihrem Vorteil nutzen wollen. Das war schon recht früh zu erkennen, als Sicherheitsmaßnahmen aus dem Tech-Bereich als Reaktion auf die Gesundheitskrise propagiert wurden: Apps zur Kontrolle der Gesundheit der Bevölkerung sollten die Lösung seien. Das öffnete Digitalkonzernen den Weg, sich als Akteure einer vollständig computergestützten Gesundheitspolitik zu etablieren.

Dank der Lockdowns konnten Tech-Giganten während der Pandemie enorme Gewinne erwirtschaften. Nun versuchen sie ihre Kontrolle auf eine Vielzahl anderer Bereiche auszuweiten. Das könnte zu einem »Screen New Deal« führen, wie ihn Naomi Klein skizziert hat, eine Art »Pandemie-Schock-Doktrin«: Wichtige Entscheidungen darüber, wie wir unser Zusammenleben organisieren, würden an Unternehmen wie Amazon, Google und Apple ausgelagert. Diese hätten dann Zugriff auf öffentliche Mittel, während die demokratische Kontrolle ausgeschaltet wäre.[11]

11 Naomi Klein, »The Screen New Deal«, in: *The Intercept* (8. Mai 2020).

Nach der »Pandemiepause« besteht das Hauptziel der neoliberalen Eliten darin, eine Rückkehr politischer Antagonismen zu verhindern. Sie sind sich bewusst, dass sie dafür auf die während der Krise entstandene Forderung nach Schutz eingehen müssen. Und sie unterstützen digitale Formen von Schutz. Das zeitigt schon jetzt Auswirkungen, da viele nun bereit sind, digitale Formen der Kontrolle zu akzeptieren, die sie früher abgelehnt haben. Dieser Prozess hatte sicher schon vorher begonnen, doch die Pandemie hat die vorhandenen Trends noch einmal verstärkt. Rückblickend wird die Pandemie wahrscheinlich als Schlüsselmoment in der Entwicklung hin zu einem digitalen Kapitalismus gesehen werden, der einen Techno-Autoritarismus fördert, der gegen demokratische Kontrolle immun ist.

Dieser autoritäre digitale Neoliberalismus wird mit einem angesagten »technologischen Solutionismus« gerechtfertigt. Evgeny Morozov hat bereits 2013 in seinem Buch *Smarte neue Welt* vor dieser vom Silicon Valley propagierten Ideologie gewarnt, nach der es für alle Probleme, sogar für politische, eine technische Lösung gibt.[12] Mit dem Aufstieg des Internets, so Morozov, hat diese Vorstellung starken Zulauf erhalten und konnten Solutionisten ihre Interventionen auf viele zuvor nicht erfasste Bereiche ausdehnen. Die Gefahr, so Morozov, liege darin, dass Probleme vereinfacht würden. Es gin-

12 Evgeny Morozov, *Smarte neue Welt. Digitale Technik und die Freiheit des Menschen*, München: Blessing 2013.

ge darum, möglichst schnell Resultate zu erzielen. Dadurch würde verhindert, dass intellektuell komplexe und anspruchsvolle Reformprojekte überhaupt in Betracht gezogen werden.

Ich sehe in diesem Solutionismus eine technologische Version der postpolitischen Vorstellungen, die in den neunziger Jahren vorherrschend wurden. Indem Solutionisten für digitale Technologien eintreten, werben sie für postideologische Ansätze – und können so jede politische Auseinandersetzung vermeiden. Ihre Auffassung, Plattformen könnten als Grundlage für eine politische Ordnung dienen, erinnert an die Behauptung der Verfechterinnen einer Politik des Dritten Wegs, politische Antagonismen seien überwunden und Links und Rechts »Zombie-Kategorien«.

Einige Neoliberale hoffen, dieser digitale Kapitalismus biete – auch dank der bemerkenswerten Entwicklungen im Bereich künstlicher Intelligenz – einen Ausweg aus der gegenwärtigen Akkumulationskrise. Die Digitalisierung zahlreicher Sektoren wie Arbeit, Bildung, Gesundheit und anderer ermögliche die Senkung der Produktionskosten. Diese Entwicklung werde ihrer Überzeugung nach tiefgreifende Auswirkungen auf die Dynamik des Kapitalismus haben, in denen sie den Beginn einer neuen Ära zu erkennen glauben. Ferner liege die Lösung für die Klimakrise in einem »grünen Kapitalismus« und Geoengineering. Für sie eröffnet die globale Erderwärmung auch Chancen, und sie brennen darauf, diese zu nutzen.

Wir müssen uns darüber im Klaren sein, dass solche Projekte so etwas wie »gekaufte Zeit« für den Neoliberalismus darstellen. Auch wenn sie erfolgreich sein sollten, würden die Widersprüche zwischen den Forderungen des Marktes und den Bedürfnissen der Bürger bestehen bleiben. Die Unvereinbarkeit von Kapitalismus und Demokratie würde nicht einfach aufgelöst. Doch diese neue Form digitaler Postpolitik würde für die demokratischen Kräfte einen schwerwiegenden Rückschlag bedeuten.

2. Politik und Affekte

Angesichts der Versuche sowohl der extremen Rechten als auch neoliberaler Eliten, die von der Pandemie ausgelösten Affekte zu nutzen, um ein autoritäres Modell durchzusetzen, ist es für die Linke unerlässlich, sich mit dem Sicherheits- und Schutzbedürfnis zu befassen. Das ist eine Herausforderung, da der rationalistische Rahmen, der linke Politik häufig prägt, sie daran hindert, den Stellenwert von Affekten anzuerkennen. Tatsächlich gilt alles, was mit Gefühlen, mit affektiven Bindungen zu tun hat, als unvereinbar mit einem vernunftgeleiteten Fortschritt. Besonders ausgeprägt ist diese Haltung in der »globalistischen« Linken. Diese hat sich die neoliberale Weltsicht zu eigen gemacht, die das Ende des konfliktären Politikmodells postuliert. Unter moralischem Fortschritt versteht sie in erster Linie eine Welt ohne Grenzen, in der sich alles frei und ungehindert bewegen kann, eine Welt ohne Antagonismen, in der die Politik eine Domäne rationaler Entscheidungen von Expertinnen ist. Dieser Flügel der Linken misstraut daher dem Sicherheitsbedürfnis, das er als konservativ betrachtet und das aus seiner Sicht in Widerspruch zu den von ihm geschätzten »progressiven« und kosmopolitischen Werten steht.

Wie lässt sich dieses Widerstreben überwinden? Wie kann das demokratische Projekt so formuliert werden, dass es die Bedeutung von Affekten anerkennt? Seit *Hegemonie und radikale Demokratie* steht diese Frage im Mittelpunkt meines Nachdenkens.[1] Sie bildet den Kern meiner Kritik an Jürgen Habermas und anderen Theoretikern der deliberativen Demokratie, die an einer rationalistischen Konzeption festhalten, die keinen Raum für Leidenschaften und affektive Formen von Identifikation lässt. Ihrer Ansicht nach hat die Entwicklung der modernen Gesellschaft die Bedingungen für eine »deliberative Demokratie« geschaffen, in der Entscheidungen über die Gemeinschaft betreffende Angelegenheiten aus freien, uneingeschränkten öffentlichen Beratungen aller hervorgehen sollten. Sie sehen Politik als Feld an, in dem ein rationaler Konsens durch die freie Ausübung öffentlicher Vernunft (John Rawls) oder unter den Bedingungen unverfälschter Kommunikation (Habermas) erzielt wird. Leidenschaften werden aus der Politik getilgt, die auf einen den Einschränkungen der Moral unterworfenen Bereich konkurrierender Interessen reduziert wird. Indem sie das Ideal eines rationalen Konsenses postulieren, teilen sie die »assoziative« Auffassung des Politischen, wie der Philosoph und Soziologe Oliver Marchart sie nennt. Ich habe diesen Ansatz kritisiert, weil er den konfrontativen Charakter der Politik und die allgegenwärtige Möglichkeit des Antagonismus leugnet.[2]

1 Laclau/Mouffe, *Hegemonie und radikale Demokratie*, a. a. O.
2 Vgl. Oliver Marchart, *Die politische Differenz. Zum Denken des*

Auch habe ich dargelegt, inwiefern diese Sichtweise für die unzutreffende Vorstellung verantwortlich ist, die sich die meisten Strömungen der Demokratietheorie vom Charakter der Bindung an die Demokratie machen. Sie sind unfähig zu erkennen, dass sich über Identifikation – also Affekte – eine Bindung an demokratische Institutionen herstellen lässt. Viele politische Philosophen sind der Ansicht, für das Überleben liberaldemokratischer Institutionen sei eine rationale Grundlage entscheidend. Nach Habermas geht es dabei vor allem um Legitimität: Es muss sichergestellt sein, dass von demokratischen Institutionen getroffene Entscheidungen einen unparteiischen Standpunkt repräsentieren, der die Interessen aller zum Ausdruck bringt. Er möchte die Art von Rationalität, die in kommunikativem Handeln und öffentlicher Vernunft am Werk ist, zur Hauptmotivation für demokratische Bürgerinnen und zur Grundlage ihrer Bindung an demokratische Institutionen machen.

Gegen diese rationalistischen Konzeptionen habe ich eingewandt, dass nicht rationale Rechtfertigungen diese Bindung herstellen, sondern dass es dafür Formen der Identifikation und Praktiken bedarf. Erst diese bringen eine demokratische Bürgerschaft hervor. Ein Ansatz, der Rationalität privilegiert, lässt ein zentrales Element beiseite, nämlich die entscheidende

Politischen bei Nancy, Lefort, Badiou, Laclau und Agamben, Berlin: Suhrkamp 2010.

Rolle, die Leidenschaften und Affekte dabei spielen, die Bindung an demokratische Werte zu gewährleisten.

Zur Entstehung einer demokratischen Bürgerschaft trägt man nicht bei, indem man einfach Argumente dafür findet, dass liberaldemokratische Institutionen Rationalität verkörpern. Vielmehr bedarf es der Vervielfältigung von Diskursen, Institutionen und Lebensformen, die eine Identifikation mit demokratischen Werten fördern. Wir haben es nicht mit einer Frage der Rationalität zu tun, sondern mit einer der gemeinsamen Affekte.

Mit ihrer Betonung von Argumenten, welche die Legitimität demokratischer Institutionen sichern sollen, haben politische Philosophen den falschen Akzent gesetzt. Es braucht keine Theorie der Wahrheit oder Begriffe wie Unbedingtheit und universelle Gültigkeit. Demokratie funktioniert eher so »wie das leidenschaftliche Sich-entscheiden für ein Bezugssystem«, wie Ludwig Wittgenstein es beschreibt.[3] Die Bindung an die Demokratie beruht auf der Identifikation mit demokratischen Werten, und bei dieser handelt es sich um einen komplexen Prozess, in dem Affekte eine zentrale Rolle spielen.

Will man die Gründe für die Verquickung des demokratischen Projekts mit dem rationalistischen Ansatz

3 Ludwig Wittgenstein, *Vermischte Bemerkungen. Eine Auswahl aus dem Nachlaß*, herausgegeben von Georg Henrik von Wright, Frankfurt am Main: Suhrkamp 1977, S. 122.

verstehen, muss man bis zur Aufklärung zurückgehen.[4] So hat etwa der Literaturwissenschaftler Pierre Saint-Amand in seinem Buch *The Laws of Hostility* eine politische Anthropologie der Aufklärung vorgeschlagen, die deren blinde Flecken beleuchten soll.[5] Er zeigt, wie die *philosophes* in ihrem Versuch, Politik auf Vernunft zu gründen, sich eine optimistische Auffassung von Soziabilität zu eigen machten. Gewalt sahen sie als archaisches Phänomen an, das nicht Teil der menschlichen Natur war. Sie waren überzeugt, dass antagonistische und gewaltsame Verhaltensweisen, alles, was Ausdruck von Feindseligkeit war, sich dank eines fortschreitenden Austauschs und einer sich entwickelnden Soziabilität beseitigen ließe.

Unter Rückgriff auf René Girards mimetische Theorie hat Saint-Amand diese optimistische Haltung einer kritischen Überprüfung unterzogen. Sie berücksichtige, so sein Vorwurf, nur eine Dimension dessen, was nach Girard die Dynamik des Imitierens ausmache. Außerdem basiere sie auf einer Vorstellung vom menschlichen Austausch, nach der dieser ausschließlich auf die Realisierung des Guten abziele. Und schließlich erkenne sie nur einen Teil der mimetischen Aspekte an, nämlich die mit Empathie verknüpften. Aber für Girard ist es wichtig, den ambivalenten Charakter des

4 Ich greife hier auf Argumente zurück, die ich in *Das demokratische Paradox*, Wien: Passagen 2008 [2000], entwickelt habe.

5 Pierre Saint-Amand, *The Laws of Hostility. Politics, Violence and the Enlightenment*, Minneapolis: University of Minnesota Press 1996.

Imitierens und das konfliktreiche Wesen der Mimesis zu begreifen – die Tatsache, dass ebendie Bewegung, die Menschen in ihrem gemeinsamen Begehren nach demselben Objekt zusammenführt, auch der Ursprung ihres Antagonismus ist. Reziprozität und Feindseligkeit lassen sich nicht voneinander trennen, und die gesellschaftliche Ordnung wird immer von Gewalt bedroht.

Nach Saint-Amand war es gerade der humanistische Charakter ihres Projekts, der die Autoren der *Encyclopédie* dazu veranlasste, eine verkürzte und idealisierte Auffassung von Soziabilität zu vertreten. Eben weil sie die Autonomie des Sozialen begründen und Gleichheit zwischen den Menschen herstellen wollten, leugneten sie die negative Seite des Austauschs, vor allem seinen spaltenden Impuls. Das war die Bedingung für die Fiktion eines Gesellschaftsvertrags, der Gewalt und Feindseligkeiten ausschließen sollte und in dem Reziprozität die Form transparenter Kommunikation zwischen den Beteiligten annehmen konnte.

Eine solche Auffassung schadet demokratischer Politik. Diese lässt sich nicht voranbringen, indem man die der Soziabilität inhärente Gewalt leugnet. Kein Vertrag kann diese Gewalt beseitigen. Im Gegenteil: Nur wenn man die widersprüchlichen Triebkräfte anerkennt, die der soziale Austausch in Gang setzt, ist es möglich, die Praktiken und Institutionen zu begreifen, die zur Sicherung der demokratischen Ordnung notwendig sind.

Die humanistische Sicht der *philosophes* konnte, wenig überraschend, keine positive Rolle für Affekte und Leidenschaften erkennen. Sie galten ihr als »irrationale« Kräfte, als archaische Überbleibsel eines Zeitalters, in der die Vernunft noch nicht vollkommen verwirklicht war. In den verschiedenen nationalen Ausprägungen der Aufklärung gab es unterschiedliche Konzeptionen des modernen vernunftgeleiteten Individuums, ein Begriff, der im Zentrum der Lehre der *philosophes* stand. Ihnen allen war jedoch die Auffassung gemeinsam, dass zwischen Vernunft und Leidenschaft ein radikaler Gegensatz bestehe und Affekte in Zaum gehalten werden sollten, weil sie für rationales Verhalten ein Hindernis darstellen. Das erklärt, warum die umfangreichen Reflexionen über Leidenschaften, die bei vielen Philosophen des 17. Jahrhunderts wie Pascal, Spinoza und Hobbes zu finden sind, durch das selbst ernannte Zeitalter der Aufklärung im 18. Jahrhundert unterbrochen wurden.

Trotz der in der Aufklärung vorherrschenden negativen Auffassung von ihnen erlitten nicht alle Leidenschaften dasselbe Schicksal. Albert Hirschman hat in *Leidenschaften und Interessen* das intellektuelle Klima des 17. und 18. Jahrhunderts rekonstruiert.[6] Anhand der Werke von Montesquieu, James Steuart und Adam Smith zeigt er, wie etwa das Streben nach mate-

6 Albert O. Hirschman, *Leidenschaften und Interessen. Politische Begründungen des Kapitalismus vor seinem Sieg*, Berlin: Suhrkamp 2010 [1977].

riellem Vorteil, das zuvor als Sünde der Habgier verdammt wurde, positiv in ein »Interesse« umgedeutet wurde. Nun bekam es die Funktion zugewiesen, die unbändigen, destruktiven Leidenschaften des Menschen unter Kontrolle zu halten. Dieser Schritt von Leidenschaften hin zu Interessen, so Hirschman, habe eine wichtige Rolle im Aufstieg des Kapitalismus gespielt.

Für meine Zwecke besonders relevant ist der Zusammenhang, der zwischen dem demokratischen Projekt und der rationalistischen Weltanschauung hergestellt wurde: Demokratische Werte gründeten auf dem Fortschritt der Rationalität. Die Behauptung, sie müssten gegen die Affekte verteidigt werden, bekam zentrale Bedeutung. Es gab zwar Autorinnen, die versuchten, die Grenzen des Rationalismus der Aufklärung aufzuzeigen, und darauf beharrten, Bindung an die Demokratie ließe sich nicht allein mit Vernunft gewährleisten. Doch sie nahm man als Verfechter einer konservativen Haltung wahr. Ihnen wurde vorgeworfen, das Fundament des demokratischen Projekts zu untergraben.

Vermutlich liegt dort der Ursprung jener weitverbreiteten Ansicht, die Linke müsse sich mit der Rationalität identifizieren und die Leidenschaften meiden. Eine solche Vorstellung ist noch heute unter politischen Philosophinnen zu finden. Habermas etwa wirft in seinem Buch *Der philosophische Diskurs der Moderne* Kritikern der modernen Vernunft wie Michel Foucault vor, sie propagierten Ansichten, die für die demokratische Tradition schädlich seien, und gefährdeten die Grundlage der Demokratie.[7]

Wer die These, die Verteidigung der Demokratie müsse auf einer rationalistischen Sichtweise beruhen, infrage stellen möchte, der findet Anhaltspunkte in Hans Blumenbergs *Die Legitimität der Neuzeit*.[8] Dort setzt sich Blumenberg unter anderem mit Karl Löwiths These auseinander, die Fortschrittsidee sei eine säkularisierte Version christlicher Eschatologie. Die Idee der »Selbstbehauptung«, wendet Blumenberg ein, verleihe der Neuzeit eine wahrhaft neue Qualität. Diese Idee sei als Reaktion auf das Abgleiten der scholastischen Theologie in einen »theologischen Absolutismus« entstanden, also in Vorstellungen, die mit dem Glauben an einen allmächtigen, völlig freien Gott verknüpft sind.

Angesichts dieses theologischen Absolutismus, der die Welt einer vollkommenen Abhängigkeit unterwirft, bestand, so Blumenberg, die einzige Lösung in der Affirmation menschlicher Vernunft als Maß für Ordnung und als Quelle von Wert. Im Widerspruch zu Theoretikern, die wie Löwith eine Version der Säkularisierungsthese vertreten, argumentiert Blumenberg, dass es einen echten Bruch gab. Es bestehe eine gewisse Kontinuität, allerdings eine der Probleme, nicht der Lösungen:

7 Jürgen Habermas, *Der philosophische Diskurs der Moderne. Zwölf Vorlesungen*, Frankfurt am Main: Suhrkamp 1985.

8 Hans Blumenberg, *Die Legitimität der Neuzeit*, Frankfurt am Main: Suhrkamp 1988 [1966].

> Was in dem als Säkularisierung gedeuteten Vorgang überwiegend, jedenfalls mit wenigen erkennbaren und spezifischen Ausnahmen, geschehen ist, läßt sich nicht als *Umsetzung* authentisch theologischer Gehalte in ihre säkulare Selbstentfremdung, sondern als *Umbesetzung* vakant gewordener Positionen von Antworten beschreiben, deren zugehörige Fragen nicht eliminiert werden konnten.[9]

Das lässt sich, wie Richard Rorty in einer Rezension der englischsprachigen Ausgabe von *Die Legitimität der Neuzeit* vorschlägt, auf eine Weise interpretieren, so dass wir abgrenzen können, was wahrhaft modern ist: die Idee der »Selbstbehauptung« (identisch mit dem politischen Projekt) im Unterschied zur Idee der »Selbstbegründung« (dem epistemologischen Projekt).[10] Letztere ist lediglich eine »Umbesetzung« einer mittelalterlichen Position. Sie ist ein Versuch, auf eine vormoderne Frage eine moderne Antwort zu formulieren, statt die Frage aufzugeben, wie es eine Rationalität getan hätte, die sich ihrer Grenzen bewusst ist. Nach Rorty könnten wir demnach zu Recht schließen, dass die moderne Vernunft sich von ihrem vormodernen Erbe befreit, wenn sie ihre Grenzen erkennt und die Unmöglichkeit totaler Kontrolle und endgültiger Harmonie akzeptiert. Damit mag die mit der mühevollen Befreiung von der Theologie einhergehende Illusion, dass die Vernunft sich ihre eigene Begründung liefert, infra-

9 Ebd., S. 75, Hervorhebung im Original.
10 Richard Rorty, »Against Belatedness«, in: *London Review of Books* 5/11 (16. Juni 1983).

ge gestellt werden. Aber das untergräbt nicht zwangsläufig das demokratische Projekt.

Ich halte dies für einen wichtigen Schritt, da der Glaube an die Existenz einer zwangsläufigen Verknüpfung der beiden Dimensionen der Aufklärung – der politischen und der epistemologischen – erklärt, warum die Linke an einer verkürzten Sicht von Rationalität festhält, die Affekte ausschließt. Wenn wir erst einmal akzeptieren, dass zwischen den beiden Projekten – dem politischen und dem epistemologischen – kein notwendiger Zusammenhang besteht, sind wir in der Lage, das demokratisch-politische Projekt zu verteidigen und die Vorstellung aufzugeben, es müsse auf Rationalismus, verstanden als eine affektfreie Form der Rationalität, basieren.

Ausgehend von diesem Ansatz habe ich ein »agonistisches« Demokratiekonzept entwickelt. Das demokratische Projekt soll dabei ohne Rückgriff auf universelle Vernunftdiktate auskommen.[11] Indem ich die Demokratie von der Problematik des Individualismus getrennt und die entscheidende Rolle von Affekten in der Konstruktion politischer Identitäten hervorgehoben habe, habe ich sowohl den kollektiven als auch den konfrontativen Charakter politischen Handelns unterstrichen. Eine der größten Schwachstellen liberaler Demokratietheorien ist ihre Unfähigkeit, den kollektiven Charakter politischer Identitäten und ihre affektive Dimen-

11 Mouffe, *Agonistik*, a.a.O.

sion zu begreifen. Meines Erachtens erwächst diese Unfähigkeit aus dem Bild, das diese Theorien vom Individuum haben: Nach ihrer Darstellung handelt es in der politischen Arena entweder, um eigene Interessen zu verfolgen, oder aufgrund abstrakter moralischer Prinzipien. Das hindert sie daran, die meiner Einschätzung nach für die Politik wichtigsten Fragen zu stellen: Wie entstehen Formen kollektiver Identifikation, und welchen Anteil haben Affekte/Leidenschaften an diesem Prozess?

Im Gegensatz zu der Auffassung, Demokratie bestünde darin, Verfahren festzulegen, um einen inklusiven Konsens zu erreichen, was die Eliminierung von Leidenschaften aus der politischen Sphäre erfordert, versteht die agonistische Sichtweise demokratische Politik als die Schaffung von Institutionen, die eine Transformation von Antagonismus in Agonismus – also einen agonistischen Ausdruck von Dissens – ermöglichen. Wichtig ist, dass Konflikte nicht die Form eines »Antagonismus« (Kampf zwischen Feinden), sondern eines »Agonismus« (Auseinandersetzung zwischen Kontrahenten) annehmen. Die agonistische Konfrontation unterscheidet sich von der antagonistischen nicht etwa, weil sie Konsens ermöglicht, sondern, weil der Opponent nicht als Feind verstanden wird, den es zu vernichten gilt, sondern als Kontrahent, dessen Existenz als legitim angesehen wird.

Die Herausforderung für die Demokratie besteht darin, die für die Politik konstitutive Wir/sie-Unterscheidung auf eine Weise zu etablieren, die mit der Anerkennung eines Pluralismus vereinbar ist. Das Ziel ist, »einander gegenüberzutreten, ohne sich gegenseitig umzubringen«, wie Marcel Mauss es so treffend formuliert hat.[12] Worum im agonistischen Kampf gestritten wird, ist die Konfiguration von Machtverhältnissen, die eine Gesellschaftsordnung strukturieren, und die Art von Hegemonie, die sie erzeugen. Es handelt sich um eine Konfrontation zwischen konfligierenden Hegemonieprojekten, die sich niemals rational miteinander vereinbaren lassen. Anders als die rationalistischen Modelle trägt die agonistische Auffassung der entscheidenden Rolle von Leidenschaften Rechnung, die sie für die Konstitution politischer Identitäten spielen. Zudem sieht sie die Öffentlichkeit als Arena, in der Leidenschaften durch die Konfrontation von Hegemonieprojekten mobilisiert werden, ohne dass die Möglichkeit einer endgültigen Versöhnung bestünde.

Die Kritik am Rationalismus ist keineswegs nur ein philosophischer Disput. Sie hat unmittelbare politische Relevanz, und so waren meine Reflexionen häufig mit spezifischen politischen Situationen verbunden. In meiner Auseinandersetzung mit dem »Dritten Weg« habe ich beispielsweise die These kritisiert, der konfliktäre Politiktyp sei obsolet geworden und man müsse nun über »Rechts und Links« hinausdenken mit Blick dar-

12 Marcel Mauss, *Die Gabe. Form und Funktion des Austauschs in archaischen Gesellschaften*, Frankfurt am Main: Suhrkamp 1990 [1923], S. 181f.

auf, einen Konsens in der Mitte zu finden.[13] Ich habe gezeigt, wie eine solche »postpolitische« Konzeption eine agonistische Debatte, die auf die Mobilisierung von Affekten für demokratische Projekte zielt, verhindert, indem sie den konfrontativen Charakter politischen Handelns negiert. Ich warnte, dies bereite rechtspopulistischen Parteien den Boden, die behaupten, dem Volk die Stimme wiederzugeben, die ihnen von den Eliten des Establishments genommen worden sei.

Um dem Aufstieg der »Postpolitik« zu begegnen, habe ich dafür plädiert, den Rechts-links-Gegensatz wieder stärker zu betonen. Die Konsenspolitik des »Dritten Wegs«, die den Menschen die Möglichkeit einer echten Wahl zwischen demokratischen Alternativen nimmt, sollte aufgegeben werden. Leider hat der Aufstieg des Rechtspopulismus meine Prognose bestätigt. Außerdem hat er gezeigt, dass die Versuche der rationalistischen Linken, um Unterstützung für ihre Politik zu werben, auf Schwierigkeiten stoßen, wenn sie Affekte vernachlässigen. Aus diesem Grund fehlt ihr die Mobilisierungskraft rechtsradikaler Bewegungen, die kein Problem damit haben, Leidenschaften zu schüren und an eine ganze Bandbreite von Emotionen zu appellieren.

Ich behaupte, dass es in der derzeitigen Lage, geprägt von zunehmender Unzufriedenheit mit der Demokratie und einer beunruhigenden Zahl von Nicht-

13 Mouffe, *Über das Politische*, a.a.O.

wählerinnen, unerlässlich ist, den konfrontativen Charakter der Politik und die zentrale Rolle von Affekten hervorzuheben. Das ist die Bedingung dafür, all jene zu erreichen, die sich von politischen Parteien abgewandt haben, weil sie glauben, dass diese ihre Belange ignorieren und Wahlen keine echten Alternativen bieten.

Menschen müssen das Gefühl haben, dass sie eine Stimme erhalten und ermächtigt werden, wenn sie sich politisch engagieren. Unter den von der globalistischen Linken missachteten Affekten sind diejenigen von besonderer Bedeutung, die das Verlangen nach Souveränität, Schutz und Sicherheit zum Ausdruck bringen. Diese der Rechten zu überlassen wäre ein schwerwiegender politischer Fehler. Es würde ein politisches Projekt verhindern, von dem sich die breite Masse mit ihren Bedürfnissen angesprochen fühlt. Diese Bedürfnisse sollte man nicht abtun, sondern sie in Verbindung mit demokratischen Werten artikulieren, um Formen der Identifikation anzubieten, in denen das Verlangen nach Schutz auf egalitäre Weise adressiert wird.

Während ich dem Rationalismus der Linken schon immer kritisch gegenübergestanden habe, scheint es mir in der gegenwärtigen Lage zur Abwehr der autoritären Offensive dringend notwendig zu sein, ihn aufzugeben. Er hindert uns daran, zu verstehen, wie wichtig es ist, die zum Aufbau einer Massenbewegung nötigen Affekte zu mobilisieren. Der Erfolg einer solchen Bewegung hängt von ihrer Fähigkeit ab, die affektive Dimension zu erkennen, die beim Aufbau von Formen kollektiver Identifikation im Spiel ist. Um Zusammenhalt zu erzeugen, muss sie Affekte transportieren, die die Sorgen und persönlichen Erfahrungen der Menschen ansprechen.

Es ist entmutigend zu sehen, wie viele Radikale und Sozialisten all ihre Energie in die Entwicklung politischer Strategien und Programme stecken, weil sie überzeugt sind, die Menschen würden diese aufgrund ihrer überlegenen Rationalität akzeptieren. Sie vernachlässigen die Frage, wie man die Affekte erzeugt, die einer solchen Politik Schubkraft verleihen. Das liegt ohne Zweifel an ihrem Glauben an einen »wissenschaftlichen Sozialismus«. Diese Vorstellung hat eine wesentliche Rolle dabei gespielt, eine rationalistische Konzeption von Politik in weiten Teilen der Linken zu verbreiten.

Noch immer klammern sich viele an eine orthodoxe Version des historischen Materialismus, die den Sozialismus als zwangsläufigen Ausgang eines Widerspruchs zwischen Produktivkräften und Produktionsverhältnissen sieht. Sie sind fest überzeugt, dass ihr auf »wissenschaftlichen Grundlagen« basierendes Verständnis von Geschichte einen privilegierten Zugang zur Wahrheit hat, der den »ideologischen« Positionen ihrer Gegnerinnen überlegen ist. Ihre Rolle sehen sie darin, den Weg zu erklären, der zu dem vom Lauf der Geschichte bestimmten sozialistischen Zielpunkt führt. Da sie sicher sind zu wissen, was gut für die Menschen ist, sehen sie keinerlei Notwendigkeit, sich zu fragen, was diese wirklich erwarten. Selbst unter denjenigen, die sich eine solche rationalistische Konzeption nicht zu eigen machen, sind viele überzeugt, ihre Botschaft sollte sich ausschließlich an den Intellekt richten. Die Bedingung für einen Sieg sei, ein eindeutig sozialistisches Programm anzubieten.

Eine neue Hegemonie herbeizuführen mit dem Ziel, die Demokratie zu verteidigen und zu vertiefen, erfordert wesentlich mehr als ein gut ausgearbeitetes Programm. Wie Pierre Bourdieu uns erinnert: Wahre Ideen besitzen keine intrinsische Kraft. Rationale Argumente genügen nicht. Was Menschen zum Kampf antreibt, ist nicht das Vertrauen in die Existenz eines »Gesetzes der Geschichte«, das zum Sozialismus führt. Menschen kämpfen gegen verschiedene Formen der Unterdrückung, die sie in ihrem Alltag erfahren, nicht für die Verwirklichung abstrakter Ideen. Abstrakte Ideen mögen zwar für die Formulierung von Theorien wichtig sein. Aber sie sind nicht das, was Menschen dazu bringt, politisch zu handeln und ihre Energien zu mobilisieren. Sie vermitteln nicht die affektive Kraft, die unverzichtbar ist, um reale Macht zu erlangen. Was Menschen zum Handeln treibt, sind Affekte und die Identifikationen, in die diese Affekte eingebettet sind.

Es ist von zentraler Bedeutung, zwischen Gesellschaftstheorie und politischer Praxis zu unterscheiden. Sozialistische Prinzipien können zwar hilfreiche theoretische Leitlinien für die Konstruktion egalitärer Gesellschaften bieten, aber was die politische Praxis angeht, bin ich überzeugt, dass der Appell an den Sozialismus unmöglich die Leidenschaften zu mobilisieren und die gemeinsamen Affekte wachzurufen vermag, um die sich ein progressiver Gemeinwille kristallisieren kann.

In unseren Gesellschaften hat der Signifikant »Sozialismus« aus vielfältigen Gründen schon lange die Mobilisierungskraft verloren, die er in der Vergangenheit besessen haben mag. Massenbewegungen wie die Indignados in Spanien, die zahlreichen Occupy-Ableger in den Vereinigten Staaten und weltweit, Nuit debout und die Gelbwesten in Frankreich, ganz zu schweigen von den Revolten des Arabischen Frühlings belegen, dass der Schlachtruf der »Bewegung der Plätze« nicht in der Forderung nach Sozialismus, sondern nach »echter Demokratie« bestand. Bei den Massenprotesten nach der Ermordung von George Floyd in vielen Ländern rund um den Globus war es das Banner von Black Lives Matter, unter dem die Menschen sich versammelten und ein antirassistisches Bewusstsein schärften.

Die Mobilisierungskraft dieser Bewegungen hatte mit sozialer Gerechtigkeit und Gleichheit zu tun, aber sie formulierten ihre Ziele nicht in einem sozialistischen Vokabular, mit dem sie sich nicht identifizierten. Ein politisches Projekt muss die Menschen aufgrund ihrer gelebten Erfahrungen und konkreten Erwartungen ansprechen. Es muss ihren tatsächlichen Lebensumständen entspringen und Gegner benennen, die sie erkennen können. Menschen lassen sich immer um spezifische Forderungen politisieren. Eine abstrakte antikapitalistische Rhetorik spricht viele der Gruppen nicht an, deren Interessen zu vertreten Radikale sich anschicken.

Ich will nicht in Abrede stellen, dass der Kampf für die Radikalisierung der Demokratie zwangsläufig eine »antikapitalistische« Dimension hat. Es ist unbestreitbar, dass ein solcher Prozess erfordert, vielen Formen von Unterdrückung ein Ende zu setzen, deren Ursprünge in der kapitalistischen Produktionsweise liegen. Und wenn man, wie ich in *Hegemonie und radikale Demokratie* vorgeschlagen habe, bereit ist, den Sozialismus im Sinne einer Radikalisierung der Demokratie umzuformulieren, ist es tatsächlich möglich, ihn als Ziel des egalitären Kampfes auszugeben. Dennoch werden die meisten progressiven Kämpfe heutzutage nicht im Namen des Antikapitalismus oder des Sozialismus geführt, sondern im Namen von Gleichheit und sozialer Gerechtigkeit, und häufig werden sie als demokratische Kämpfe verstanden.

3. Affekte, Identität und Identifikation

Ich habe argumentiert, dass die gesundheitliche und die ökologische Krise letztlich entweder eine neoliberale Konsolidierung einläuten oder uns dem Aufbau einer demokratischeren Gesellschaft näherbringen. Neoliberale versuchen, das durch die Covid-19-Pandemie geweckte Schutz- und Sicherheitsbedürfnis auszunutzen, um eine digitale Form autoritärer Herrschaft einzuführen und die Entwicklung eines »grünen Kapitalismus« zu forcieren. Wenn linke Kräfte die Affekte vernachlässigen, so meine Warnung, dann begreifen sie womöglich nicht die Herausforderung, mit der sie konfrontiert sind.

In diesem Kapitel befasse ich mich mit der Frage, wie die Rolle von Affekten für die Konstitution politischer Identitäten zu verstehen ist. Auch wenn sie bisweilen so interpretiert wird, leugne ich mit meiner Kritik am Rationalismus nicht die Rolle der Rationalität. Ebenso wenig mache ich mich für eine Art »Irrationalismus« stark. Ich fordere nicht, dass die Vernunft und die Leidenschaften als Gegensätze verstanden werden sollten, und ich trete auch nicht für eine Politik ein, die auf Kosten der Vernunft von Leidenschaft getrieben ist.

Unter Philosophen sowie Sozial- und Geisteswissenschaftlerinnen erfreuen sich Emotionen und Affekte seit Kurzem einiger Aufmerksamkeit. Ich werde zunächst vor dem Hintergrund der gegenwärtigen Diskussionen rund um den sogenannten *affective turn* meine eigene Position genauer erläutern. Mit dem Begriff »affektive Wende« werden sehr unterschiedliche und mitunter schwer miteinander zu vereinbarende Ansätze und Beiträge zusammengefasst. »Familienähnlichkeiten« sind oft nicht einfach auszumachen. Unter den Theoretikern ist die Bedeutung der Begriffe »Affekte« und »Emotionen« umstritten, ganz zu schweigen von deren Beziehung zueinander. Manche von ihnen sind von Gilles Deleuze und Félix Guattari beeinflusst, andere von den Neurowissenschaften und wieder andere von konstruktivistischen Schulen. Einige Arbeiten enthalten wertvolle Erkenntnisse, aber ihr Fokus unterscheidet sich von meinem. Inwiefern, will ich kurz verdeutlichen.

Meine Überlegungen beziehen sich auf einen bestimmten Typus von Affekten, die ich »Leidenschaften« nenne. Damit meine ich die *gemeinsamen* Affekte, um die es in der politischen Sphäre bei der Herausbildung von Formen der Wir/sie-Identifikation geht. Aus der Perspektive, die ich vorschlage, ist es wichtig, Leidenschaften von Emotionen zu unterscheiden. In der Politik haben wir es immer mit kollektiven Identitäten zu tun. Der Begriff »Emotionen« vermittelt das nicht angemessen, da er in der Regel mit Individuen verknüpft wird. Wenn es um Politik geht, ist die Rede von gemeinsamen Affekten und »Leidenschaften« passender, um deutlich zu machen, dass wir es mit Konfrontationen zwischen kollektiven politischen Identitäten zu tun haben.

Kombiniert man die diskursive, antiessentialistische Sicht, die ich in *Hegemonie und radikale Demokratie* entwickelt habe, mit einigen grundlegenden Einsichten der Psychoanalyse, kann man Affekte und Vernunft im Prozess der Identifikation verbinden und aufzeigen, wie sich Affekte zum Aufbau eines Gemeinwillens mobilisieren lassen. Nötig ist dafür ein theoretischer Ansatz, dem zufolge es bei Identität nicht darum geht, dass Menschen ihre wahre, essentielle Identität entdecken, sondern, dass sie diese konstruieren. Ein wichtiger Aspekt der Politik ist die Konstruktion politischer Identitäten durch einen Prozess der Identifikation. Dieser Vorgang enthält stets eine affektive Dimension, die Freud als libidinöse Investition bezeichnet hat.

Freud ist für mein Nachdenken über Affekte und das Politische von zentraler Bedeutung. Seine Kritik an der Vorstellung vom einheitlichen Charakter des Subjekts und seine These, dass der menschliche Geist zwangsläufig durch die Spaltung in zwei Systeme geprägt ist, von denen eines nicht bewusst ist und nicht sein kann, ist wichtig für eine Kritik an der rationalistischen Perspektive. Tatsächlich zwingt sie uns, eine der Schlüssellehren der rationalistischen Philosophie aufzugeben, nämlich die vom Subjekt als einer rationalen, transparenten Entität, die in der Lage ist, der Gesamtheit ihres Verhaltens eine homogene Bedeutung zu verleihen. Die These der Psychoanalyse, dass es keine essentielle Identität, sondern lediglich Formen der Identifikation gibt, steht im Mittelpunkt des antiessentialistischen Ansatzes. Die Geschichte eines Subjekts ist die Geschichte seiner Identifikationen; jenseits davon gibt es keine verborgene Identität. Daher ist jede Identität durch eine Vielzahl von Identifikationen mit sozial verfügbaren Objekten als Bildern und Signifikanten konstruiert.

Die Relevanz von Freuds Werk für das Verständnis der Konstruktion eines »Volkes« habe ich in *Für einen linken Populismus* erörtert. Freud geht davon aus, dass die soziale Bindung eine libidinöse ist und Affekte eine wichtige Rolle im Prozess der kollektiven Identifikation spielen. Für ihn geht es bei der kollektiven Identifikation um die libidinöse Organisation von Gruppen und bei der Übernahme einer kollektiven Identität um affektive libidinöse Bindungen. In *Massenpsychologie und Ich-Analyse* stellt Freud fest: »Erstens, daß die Masse offenbar durch irgendeine Macht zusammengehalten wird. Welcher Macht aber könnte man diese Leistung eher zuschreiben als dem Eros, der alles in der Welt zusammenhält?«[1]

Affektive libidinöse Energie ist veränderbar und zu unterschiedlichen Investierungen fähig. Sie lässt sich auf verschiedene Repräsentationen übertragen und in

1 Sigmund Freud, *Massenpsychologie und Ich-Analyse*, Frankfurt am Main: Fischer 1993 [1921], S. 55.

viele Richtungen lenken, die diverse Formen der Identifikation hervorbringen. Dieser Punkt ist wichtig, um die hegemoniale Operation zu verstehen, da man dazu erkennen muss, dass verschiedene Politikformen unterschiedliche affektive libidinöse Bindungen fördern können.

Dank der Einsichten von Theoretikerinnen, die durch die Arbeiten von Jacques Lacan beeinflusst wurden, kann man diese Überlegungen weiterführen. Der politische Philosoph Yannis Stavrakakis etwa schlägt eine Kombination von Diskurstheorie und Psychoanalyse vor, um zu untersuchen, »was Menschen veranlasst, sich kollektiv mit bestimmten Identitätsformationen zu identifizieren, und welche Implikationen solche Identifikationen nach sich ziehen«.[2]

Während Freud seiner Ansicht nach »die Dimension der Leidenschaften, der affektiven Bindung und der libidinösen Investition« ans Licht gebracht hat, sei es Lacan zu verdanken, dass die Frage der Identifikation angemessen gestellt werden konnte.[3] Nach Freud meint Identifikation den Mechanismus, durch den Subjektivität konstituiert wird. Persönlichkeit, so scheint darin auf, wird durch eine Abfolge von Identifikationen hergestellt. Diese Erkenntnis entwickelt Lacan laut Stav-

2 Yannis Stavrakakis, »Passions of identification: Discourse, enjoyment, and european identity«, in: David Howarth und Jacob Torfing (Hg.), *Discourse Theory in European Politics*, Basingstoke: Palgrave Macmillan 2005, S. 69.

3 Ebd., S. 72, Hervorhebung im Original.

rakakis weiter, indem er zwischen verschiedenen Typen der Identifikation unterscheidet (der imaginären, der symbolischen und der mit einem Symptom) und den negativen (entfremdenden) Horizont eines solchen Vorgangs weiter herausstellt. Obwohl die Identifikation Subjektivität konstituiert, kann sie nicht zu einer stabilen subjektiven Identität führen.

Mit anderen Worten, eine vollständige Identität ist letztlich unmöglich, weil das gespaltene Subjekt dort, wo es Vollständigkeit und Identität sucht, auf einen Mangel stößt. Das ist der sogenannte große Andere – unsere soziopolitische Welt, das Reservoir der Objekte, mit denen wir uns identifizieren, um subjektive Spannungen zu lösen –, der aber ebenfalls einen inneren Mangel aufweist.

Folglich versucht das Subjekt ständig, seinen konstitutiven Mangel durch fortwährende und partielle Identifikationen mit letztlich unvollständigen Objekten zu kaschieren. Das Partielle und Unvollständige dieser Identifikationen macht deren alltäglichen Wert für das menschliche Leben und die Politik nicht zunichte, sofern man nicht in einer Art von obsoletem rationalistischem Utopismus verhaftet bleibt. Darin liegt die Relevanz des Konzepts der Identifikation für die gesellschaftliche und politische Analyse: »Da zu den Objekten der Identifikation im Erwachsenenleben politische Ideologien und andere gesellschaftlich konstruierte Objekte gehören, erweist sich der Prozess der Identifikation als konstitutiv für das soziopolitische Leben.

Nicht Identität ist konstitutiv, sondern Identifikation. Statt von Identitätspolitik sollten wir von Identifikationspolitik sprechen.«[4]

Aber was macht partielle Prozesse der Identifikation reizvoll, abgesehen davon, dass sie gelegentlich konsistent erscheinen? Stavrakakis argumentiert, Lacans Begriff *jouissance* (Genießen) sei dessen maßgeblicher Beitrag zur Psychoanalyse. Lacan zeige den Doppelcharakter der Identifikation (diskursiv und affektiv, symbolisch und libidinös) auf. Das ermögliche uns, die Frage der soziopolitischen Identifikation und Identitätsbildung anzugehen, wobei Lacan nahezulegen scheint, dass die Unterstützung für bestimmte Identifikationen teilweise in der *jouissance* des Körpers verwurzelt ist. Nach der Lacan'schen Theorie ginge es in diesen Bereichen »nicht nur um symbolische Kohärenz und diskursive Schließung, sondern auch um *Genießen*, um die *jouissance*, welche menschliches Begehren animiert«.[5]

Entsprechend sind im Prozess der Identifikation zwei Seiten im Spiel. Er sollte als Bedeutungspraktik verstanden werden, die sowohl eine kognitive/repräsentationale als auch eine affektive Dimension umfasst, eine Idee, aber auch einen Affekt – das heißt die libidinöse Kraft, die diese Signifikation erwirbt und die ihr

4 Yannis Stavrakakis, *Lacan and the Political*, London/New York: Routledge 1999, S. 30.

5 Stavrakakis, »Passions of identification«, a.a.O., S. 72, Hervorhebung im Original.

ihre *Kraft* verleiht. Wenn Ideen mit Affekten verbunden werden, erlangen diese Ideen Wirkmacht. Also muss man an den soziopolitischen Bereich von einer zweifachen Quelle herangehen: von der Ordnung des Signifikanten (dem Symbolischen) und der Ordnung des Affekts, der *jouissance*.

Am Beispiel der nationalen Identität zeigt Stavrakakis, dass die heutige Forschung die Nation zwar als moderne gesellschaftliche und politische Konstruktion sieht, aber Theorien des Nationalismus in der Regel die Langlebigkeit, den anhaltenden hegemonialen Reiz und die *Kraft* nationaler Identifikation nicht erklären können.[6] Ihre Kritik am Nationalismus sei daher nur oberflächlich. Seiner Ansicht nach bietet Lacans Dialektik der *jouissance* einen adäquateren theoretischen Rahmen. Mit seiner Hilfe lässt sich zeigen, dass der symbolische Aspekt nationaler Identifikation nicht genügt und die »Mobilisierung symbolischer Ressourcen mit einer im Körper verankerten affektiven Investition gepaart sein muss, damit eine nationale Identität entsteht«.[7] Die diskursive Dimension ist zweifellos wichtig, sie reicht aber nicht aus: Der effektivste Mechanismus bei der Strukturierung von Subjektivität ist nicht primär symbolisch, sondern mit dem Realen der *jouissance* verknüpft. Anders ausgedrückt: Er ist libidinöser Natur.

6 Yannis Stavrakakis, *The Lacanian Left. Psychoanalysis, Theory, Politics*, Edinburgh: Edinburgh University Press 2007, S. 190.

7 Ebd., S. 200.

Aus dieser Perspektive, so Stavrakakis, kann man auch die Frage einer möglichen europäischen Identität aufwerfen bzw. die Gründe für ihren mangelnden Erfolg verstehen. Trotz diverser Bemühungen, eine europäische Identität durch politische Maßnahmen und Bildungsprogramme zu fördern, sei es nicht gelungen, bei den Menschen eine starke Identifikation mit der Europäischen Union hervorzubringen. Aufgrund der ausschließlichen Fokussierung auf institutionelle Regelungen und leidenschaftslose Ideale wurde »die entscheidende Rolle von Affekten und Leidenschaften vernachlässigt«. Ohne die libidinöse/affektive Dimension »können Identifikationen keine Salienz und keinen tiefen hegemonialen Reiz entwickeln«, schließt er.[8]

Tatsächlich war das Fehlen einer affektiven Dimension schon von Anfang an in das europäische Projekt eingeschrieben. Jean Monnet und Robert Schuman, die wesentlich zum Aufbau der Europäischen Gemeinschaft für Kohle und Stahl beitrugen, bestanden auf der Notwendigkeit einer rationalen Grundlage für ihr politisches Vorhaben. Sie fürchteten, die Leidenschaften der breiten Masse könnten den neuen Institutionen schaden. Angesichts der Erfahrungen des Zweiten Weltkriegs mag diese Sorge der beiden französischen Politiker verständlich sein. Doch auf die weitere Entwicklung der Europäischen Gemeinschaft hat sie sich negativ ausgewirkt. Womöglich hat sie auch eine Rolle dabei

8 Ebd., S. 215.

gespielt, dass die Europäische Union zu einem für die Anliegen der Bürgerinnen unempfänglichen bürokratischen und neoliberalen Projekt wurde.

Wenn man begriffen hat, worum es bei dem Prozess der Identifikation geht, werden die Schwierigkeiten der Linken im Kampf um Hegemonie deutlich. Die Überzeugung, man dürfe nur rationale Argumente verwenden und müsse den Appell an Affekte vermeiden, führt zu einer Politik, mit der Menschen sich nicht identifizieren können, und zwar weil sie ihre eigenen Probleme, Frustrationen und Bedürfnisse nicht darin wiederfinden. Die Linke verwendet viel Energie darauf, Programme auszuarbeiten und all die Maßnahmen aufzulisten, die sie umsetzen wird, wenn sie erst einmal an der Macht ist. Aber sie stellt nur selten die Frage, wie sie eigentlich an die Macht gelangen will – wie sie in den Menschen ein *Begehren* nach diesen Maßnahmen erzeugen wird. Als ob gute politische Vorschläge allein automatisch eine Anhängerschaft aufbauen würden, ohne dass es nötig wäre, die affektiven Dimensionen zu aktivieren, die Identifikation hervorbringen und zu politischem Engagement anspornen. Eine Politik, die die Affekte nicht anspricht, wird bei den Menschen kaum Resonanz finden.

Der rationalistische Ansatz verhindert noch auf eine andere Weise ein Verständnis des politischen Kampfes um Hegemonie. Es geht darum, dass aufgrund einer essentialistischen Vorstellung einer bestimmten Kategorie von Menschen bestimmte Affekte zugeschrieben werden. Dies kommt zum Beispiel in der Weigerung zum Ausdruck, mit den Wählern rechtsradikaler Parteien zu sprechen, weil sie angeblich von Ressentiment getrieben sind, einem Affekt, den es zu verurteilen gilt. Mit diesem Argument kritisierten einige Teile der Linken in Frankreich die Versuche von La France insoumise, mit Menschen aus den populären Klassen in der Anhängerschaft von Marine Le Pen ins Gespräch zu kommen. Ressentiment ist ein Affekt, der in progressiver Politik eindeutig keinen Platz hat. Aber man sollte es nicht manchen Menschen als inhärentes Merkmal ihrer psychischen Verfasstheit zuschreiben und damit behaupten, dass Versuche, sie zu verändern, indem man einen anderen Affekt bei ihnen weckt, zwecklos seien.

Ressentiment ist nichts, womit Menschen geboren werden. Es erwächst immer aus einer Wut über eine bestimmte Situation, in der eine Person sich als Opfer eines Unrechts empfindet. Diese Reaktion kann sich in Ressentiment verwandeln, wenn keine Aussicht auf eine Wiedergutmachung besteht. Doch wenn man den Charakter des Unrechts genauer betrachtet, zeigt sich, dass es sich möglicherweise auch anders adressieren lässt; nämlich so, dass die von ihm ausgelöste Wut nicht zu Ressentiment führt. Häufig lehnen Menschen bestimmte Gruppen wie zum Beispiel Migranten ab, weil sie dazu verleitet worden sind, diese für die Verschlechterung ihrer eigenen Lebensbedingungen verantwortlich zu machen: sie als »die« zu sehen, die eine umfassende Verwirklichung ihrer Rechte verhindern. So fördert der rechte Diskurs das Ressentiment gegen Migranten, die als Feinde konstruiert werden, deren Gegenwart für das wahrgenommene Unrecht verantwortlich gemacht wird.

Man denke beispielsweise an Donald Trump. Seine öffentlichen Äußerungen zielen augenscheinlich darauf ab, eine Wir/sie-Konfrontation zu schüren. Er will die Wut der weißen Arbeiterschicht mobilisieren und sie in Ressentiment gegen Minderheiten und aufgeklärte Eliten verwandeln, die sich für sie einsetzen. Dieses Ressentiment ist das Produkt einer bestimmten diskursiven Artikulation der durch ein Unrecht verursachten Wut. Sie ließe sich auch anders kanalisieren, etwa um eine Wir/sie-Unterscheidung zu konstruieren, das einen anderen Typ der Identifikation ermöglicht. Für diesen Ansatz steht der Name Bernie Sanders. Er gab der Arbeiterschicht die Hoffnung, dass sich ihre Lage durch den Kampf für soziale Gerechtigkeit verbessern ließe. Man rufe sich in Erinnerung, dass Émile Durkheim in seinen Vorlesungen über den Sozialismus den Mechanismus, der von Wut zu Hoffnung führt, als den Ursprung der sozialistischen Bewegung zu Beginn der industriellen Revolution identifizierte.[9]

Die Weigerung der rationalistischen Linken, sich

9 Vgl. Émile Durkheim, *Le socialisme*, Paris: Presses universitaires de France 2011 [1928].

mit der affektiven Dimension von Politik auseinanderzusetzen, ist der Grund, warum so viele linke Parteien keine Verbindung zur breiten Masse herstellen können. Das ist kein neues Phänomen. In *Erbschaft dieser Zeit* aus den dreißiger Jahren argumentiert Ernst Bloch, Marxisten neigten dazu, Hunger und das Bedürfnis nach Sicherheit, Heimat, Gemeinschaft und anderen Bindungsformen zu vernachlässigen. Eben deshalb sei der Faschismus erfolgreicher als die Linke.[10] Hitlers Anziehungskraft verdanke sich seiner Fähigkeit, frustrierte Bedürfnisse aufzugreifen – Energien, die sich positiv hätten wenden lassen, die aber in eine Politik des Hasses gelenkt wurden.

In gewissen Teilen der Linken besteht heute die Tendenz, die Vielfalt rechter Bewegungen als Ausdruck einer neofaschistischen Gefahr zu begreifen, der es durch Ausgrenzung und moralische Verurteilung zu begegnen gilt. Aus diesem Grund halten sie es nicht für wichtig zu verstehen, warum es Menschen zu solchen Parteien hinzieht. Gemäß der in ihren Reihen vorherrschenden rationalistischen Orientierung sehen sie in diesen Bewegungen »die Rückkehr der braunen Pest«, etwas, das den »irrationalen« Impulsen der Masse entspringt. Menschen, die solche Parteien unterstützen, seien nicht zu retten, ja, von einer Art unheilbarer »moralischer Krankheit« befallen und von atavistischen

10 Ernst Bloch, *Erbschaft dieser Zeit*, in: ders., *Werkausgabe*, Bd. 4, Frankfurt am Main: Suhrkamp 1992 [1935].

Leidenschaften getrieben. Wer versucht, die Gründe für den Erfolg dieser Parteien zu verstehen, um ihnen entgegenzutreten und andere Formen der Identifikation anzubieten, wird beschuldigt, »sich bei der extremen Rechten anzubiedern«.

In Ländern, in denen autoritäre rechte Parteien eine wachsende Anhängerschaft gewinnen konnten, führt eine solche Einstellung zu einem Unvermögen, sich vorzustellen, wie man ihren Aufstieg stoppen könnte. Die Menschen, die von rechten Demagogen verführt wurden, von vorneherein als intrinsisch sexistisch, rassistisch und homophob abzutun, widerspricht einer Strategie für den Aufbau einer progressiven Massenbewegung. Selbstverständlich können Aktivistinnen oder politische Akteure, die eine solche Strategie verfolgen, nicht ihre gesamten Anstrengungen auf diese Gruppen konzentrieren. Aber sie müssen den Charakter der Affekte berücksichtigen, die bei der Bindung an rechte Parteien im Spiel sind.

Eine linkspopulistische Strategie spricht die Bedingungen an, die ursächlich für die einem Unrecht zugrunde liegenden Unterdrückungsverhältnisse sind, und bietet ein demokratisches Projekt an, das diese beseitigen soll. Ihre Entgegensetzung von wir und sie zielt nicht darauf ab, Ressentiment zu schüren. Vielmehr soll sie Affekte für soziale Gerechtigkeit generieren. Es geht um einen Kampf um Hegemonie. Dieser ist nie ein rein rationaler Vorgang, bei dem Menschen mit Argumenten und wissenschaftlichen Daten überzeugt werden. Wir sollten auf Spinoza hören: Die einzige Möglichkeit, einen Affekt aufzuheben, besteht darin, einen anderen, stärkeren zu erzeugen.

Spinoza war letztlich ein Rationalist, doch in seinem Werk finden sich zahlreiche wertvolle Einsichten, mit denen sich eine nichtrationalistische Konzeption von Politik entwickeln lässt. Wie häufig festgestellt wurde, besteht zwischen Spinozas *conatus* und Freuds Begriff der Libido eine gewisse Affinität. Wie Freud war auch Spinoza überzeugt, dass das Begehren Menschen zum Handeln bringt und Affekte sie auf eine bestimmte Weise handeln lassen. Um wirkmächtig zu sein, so Spinoza, müssen Ideen Menschen auf affektiver Ebene erreichen – oder, um es mit Freud zu sagen: Sie müssen libidinöse Kraft erlangen.

Es gibt noch weitere Ähnlichkeiten zwischen Spinoza und Freud. Spinoza unterscheidet zwischen Affektion (*affectio*) und Affekt (*affectus*). Wenn der *conatus* von etwas Äußerem affiziert werde, erlebe er Affekte, die ihn etwas begehren lassen und dazu veranlassen, entsprechend zu handeln. Laut dem Soziologen Frédéric Lordon, der eine sehr interessante Lesart von Spinoza vorgelegt hat, erlaubt uns der Begriff der »Affektion«, die ebenso sehr aus Ideen wie aus materiellen Determinationen resultiert, den Gegensatz von Materie und Ideen zu überwinden. Lordon betont, dass Politik für Spinoza eine *ars affectandi* ist; sie ziele darauf ab, Ideen mit Wirkmacht zu produzieren. »Es geht nicht um ›Ideen‹, sondern um die Schaffung von affizierenden Ideen (*idées affectantes*).«[11] Diese Verknüpfung von Affekten und Ideen steht auch im Zentrum des Prozesses der Identifikation, so wie ihn die Psychoanalyse begreift: als Bedeutungspraktik, die sowohl eine kognitive als auch eine affektive Dimension umfasst.

Zudem finden wir bei Spinoza die These, dass die gesellschaftliche Bindung libidinöser Natur ist. Laut Lordon vertrat Spinoza die Ansicht:

> Die Beziehungsform, die den *body politic* definiert, erwächst konkret aus dem gemeinsamen Affekt, der die Teile – auf eine bestimmte Weise – zusammenbringt. […] Menschen bilden politische Gruppierungen nicht durch einen rationalen, kontraktualistischen Prozess der Deliberation: Es sind Affekte, die sie zusammenhalten. Diese Affekte sind das Vehikel für Ideen, Werte und einen gemeinsamen symbolischen Raum.[12]

Ausgehend von Erkenntnissen aus der Diskursanalyse, von Spinoza und aus der Psychoanalyse können wir verstehen, warum es so wichtig ist, dass die Linke den rationalistischen Ansatz aufgibt und dass sie begreift, worum es im politischen Kampf geht und welche entscheidende Rolle Affekte und Identifikation spielen. Was Menschen zum Handeln bewegt, sind Affekte. Ideen sind wichtig, doch ihre Wirkmacht hängt davon ab, dass sie mit Affekten verknüpft sind. Wer ein Ideal

11 Frédéric Lordon, *Les affects de la politique*, Paris: Seuil 2016, S. 57.
12 Frédéric Lordon, *Imperium. Structures et affects des corps politiques*, Paris: La Fabrique 2015, S. 161.

affektfreier Rationalität anstrebt – das Ziel eines so großen Teils der demokratischen politischen Theorie –, lässt sich nicht nur auf ein aussichtsloses theoretisches Unterfangen ein. Als Richtschnur für politische Praxis hat es auch dramatische Konsequenzen.

Nehmen wir als Beispiel die Wahlen zum britischen Unterhaus im Jahr 2019. Die Konservativen unter Boris Johnson hatten so gut wie kein Programm außer einigen Slogans – »Take Back Control« und »Get Brexit Done« –, die Menschen ein Gefühl der Ermächtigung vermittelten. Der linkspopulistische Wahlkampfauftakt von Labour unter Jeremy Corbyn war zunächst sehr vielversprechend. Doch aufgrund interner Kämpfe konzentrierte sich die Partei letztlich auf ein sorgfältig durchdachtes Programm mit einer langen Liste guter politischer Maßnahmen, das aber keine Affekte zu wecken versuchte. Frei nach dem Motto: »Wählt uns und wir geben euch dies und das und das« – allesamt progressive politische Maßnahmen, aber auf klientelistische Art dargereicht. Das Ergebnis war ein haushoher Sieg der Tories.

Natürlich war die Lage für Labour besonders schwierig, weil der Brexit in dieser Wahl eine entscheidende Rolle spielte. Er lieferte den Konservativen einen hegemonialen Signifikanten, der starke Affekte generierte, um ein breites Spektrum von Menschen zu mobilisieren. Doch aus der Gegenüberstellung dieser beiden Strategien lassen sich einige Lehren ziehen. Besonders wenn wir auch die Strategie, die Labour bei den Wahlen 2017 verfolgte, vergleichend hinzuziehen.

Im Wahlkampf des Jahres 2017 hatte Labour eine starke linkspopulistische Parole: »For the Many, not the Few«, die eine politische Grenze zog. Das ermöglichte es der Partei, politische Leidenschaften zu mobilisieren, und führte zu einem überraschend guten Ergebnis. Leider gab Labour diese Strategie zwei Jahre später zugunsten eines traditionelleren Wahlkampfes auf. Ich will damit nicht sagen, dass Labour 2019 die Tories hätte imitieren und mit leeren Slogans mobilisieren sollen. Mir geht es darum, dass ein gutes Programm nicht ausreicht. Wenn sie sich durchsetzen will, muss eine Partei Affekte ansprechen. Sie muss Menschen ermächtigen, statt sie als passive Empfänger politischer Maßnahmen zu behandeln, die von Expertinnen entworfen wurden, die es angeblich am besten wissen.

Der Aufstieg rechter Bewegungen stellt eine enorme Herausforderung für linke Kräfte dar, weil sie sich nicht der demagogischen Methoden bedienen können, die ihre Gegner anwenden. Aber es ist ihre Weigerung, die zentrale Stellung von Leidenschaften in der Politik anzuerkennen, und ihr Beharren, allein auf rationale Argumente zu vertrauen, die den Kern ihrer Unfähigkeit bilden, eine erfolgreiche Antwort auf die rechtspopulistische Offensive zu entwickeln.

4. Eine Grüne demokratische Revolution

Im ersten Kapitel habe ich erwähnt, dass die Covid-19-Pandemie im Kontext einer durch die Erderwärmung verursachten ökologischen Krise ausbrach. Nun ist es an der Zeit, den Charakter dieser Krise zu untersuchen. Das Bewusstsein für die Erderwärmung und ihre möglichen Folgen für das Überleben unserer Gesellschaften ist zwar erst in den vergangenen fünfzig Jahren zu einer maßgeblichen politischen Frage geworden, aber Bewegungen zum Schutz der lebendigen Umwelt gibt es in unterschiedlichen Formen schon lange. In *Auswege aus dem Kapitalismus* schreibt der französische Philosoph André Gorz: »Die ökologische Bewegung entstand lange bevor die Beeinträchtigung der Umwelt und der Lebensqualität das Überleben der Menschheit infrage stellte. Sie entstand ursprünglich aus einem spontanen Protest gegen die Zerstörung der *Alltagskultur* durch die Apparate der ökonomischen und administrativen Macht.«[1]

Vor fünfzig Jahren war ein Wendepunkt erreicht. Der Club of Rome veröffentlichte 1972 den Bericht *Die Grenzen des Wachstums*, der weltweit die Aufmerksamkeit auf die Tatsache lenkte, dass das Wirtschafts-

1 André Gorz, *Auswege aus dem Kapitalismus. Beiträge zur politischen Ökologie*, Zürich: Rotpunkt 2009, S. 35.

wachstum nicht endlos weitergehen konnte, weil sich die Ressourcen erschöpfen. Im selben Jahr brachte die erste Weltumweltkonferenz unter der Schirmherrschaft der Vereinten Nationen die Regierenden der Mitgliedsstaaten in Stockholm zusammen, um den Grundstein für eine globale Umweltpolitik zu legen. Zahlreiche internationale Zusammenkünfte regten Forschungen zur Umwelt und den Ursachen ökologischer Probleme an, ein Feld, das in den folgenden Jahren eine immer größere Rolle spielen sollte. Dank der Entstehung ökologisch ausgerichteter »grüner« Parteien und diverser Formen des ökologischen Protests wurde die Kritik an einem auf grenzenlosem Wachstum basierenden Wirtschaftsmodell zu einem legitimen politischen Anliegen. Doch anfangs erlangten ökologische Forderungen keine zentrale Bedeutung, sondern galten als ein Thema unter vielen, die eine progressive Politik berücksichtigen musste.

Heute ist die Lage eine andere. Die Vervielfachung wetterbedingter Naturkatastrophen hat dazu beigetragen, das Bewusstsein für die dringende Notwendigkeit der Stabilisierung des Klimas zu schärfen. Zudem ist mittlerweile allgemein anerkannt, dass menschliche Aktivitäten für die ökologische Krise verantwortlich sind. Zahlreiche wissenschaftliche Studien haben nachgewiesen, dass die Erderwärmung die Folge der Akkumulation von Treibhausgasen ist, verursacht durch die auf fossilen Brennstoffen basierende Industrie, und dass es notwendig ist, Emissionen zu begrenzen. Dank Jugendbewegungen wie Greta Thunbergs Fridays for Future hat die Frage des Klimawandels seit 2018 in großen Teilen der Öffentlichkeit eine überraschende Vordringlichkeit erlangt. Mittlerweile ist sich ein wachsender Bevölkerungsanteil bewusst, dass die Bewahrung akzeptabler Lebensbedingungen auf der Erde von der Fähigkeit abhängt, die Erderwärmung effektiv zu bekämpfen. Die entscheidende Frage lautet nicht mehr, ob, sondern, wie und wie schnell wir unsere Wirtschaft dekarbonisieren müssen.

Obwohl unter Umweltfachleuten jeglicher Couleur ein breiter Konsens über die Notwendigkeit besteht, zu erneuerbaren Energien überzugehen, sind sie sich über den Weg dorthin alles andere als einig. Selbst unter progressiven Parteien herrscht keine Einigkeit über die Strategie, die es zu verfolgen gilt.[2] Eine der Hauptunstimmigkeiten betrifft die Möglichkeit, den ökologischen Wandel ohne radikalen Systemwechsel zu bewerkstelligen.

Viele ökologisch ausgerichtete Parteien glauben, es könnte ein Konsens über die Maßnahmen erzielt werden, die für eine Dekarbonisierung der Wirtschaft notwendig sind. Da dieses Ziel im Interesse aller sei, so sind sie überzeugt, müssten alle einsichtigen Bürgerinnen den erforderlichen Maßnahmen zustimmen können. Sie warnen vor Versuchen, Klimafragen zu politisieren,

2 Zu einer sorgfältigen Erörterung der verschiedenen Ansätze siehe Amanda Machin, *Negotiating Climate Change. Radical Democracy and the Illusion of Consensus*, London/New York: Zed Books 2013.

denn dies könne künstliche Spaltungen erzeugen und die breite Mitwirkung verhindern, die für die Umsetzung eines nachhaltigen Gesellschaftsmodells notwendig sei.

Gemäß dieser Position vermeiden es die meisten ökologischen Parteien, sich in der Konfrontation von Links und Rechts auf eine Seite zu stellen, und behaupten, sie stünden jenseits einer solchen Achse. Das erklärt, warum manche bereit sind, Koalitionen sowohl mit rechten als auch mit linken Parteien einzugehen.

Aus einer linkspopulistischen Perspektive sind die interessanteren Vorschläge solche, die wie der Green New Deal für eine radikale ökologische Wende eintreten, die einen Bruch mit dem Finanzkapitalismus beinhaltet. Häufig wird ein solches Projekt mit Argumenten verknüpft, wie sie in den Vereinigten Staaten vom Sunrise Movement und von Alexandria Ocasio-Cortez formuliert werden, die am 5. Februar 2019 eine bahnbrechende Resolution zum Umgang mit dem Klimawandel in den US-Kongress einbrachte. Sie benannte folgende Ziele: durch einen für alle Communitys und Arbeitnehmer fairen und gerechten Wandel Netto-Null-Treibhausgasemissionen zu erreichen; Millionen guter, hoch bezahlter Arbeitsplätze zu schaffen und Wohlstand und wirtschaftliche Sicherheit für die gesamte Bevölkerung der Vereinigten Staaten zu gewährleisten; in Industrie und Infrastruktur zu investieren, um den Herausforderungen des 21. Jahrhunderts nachhaltig zu begegnen; saubere Luft und sauberes Wasser, Resilienz im Angesicht des Klimawandels und resiliente Communitys, gesunde Nahrung, Zugang zur Natur und eine nachhaltige Umwelt für alle sicherzustellen; Gerechtigkeit und Gleichheit zu fördern, indem man die am stärksten gefährdeten und verletzlichsten Communitys vor gegenwärtiger wie auch zukünftiger Unterdrückung schützt und historische Unterdrückung wiedergutmacht.

Seit 2008 wird die Idee eines Green New Deal auch im Vereinigten Königreich diskutiert. Eine Gruppe von Ökonominnen unter der Leitung von Ann Pettifor hat die enge Verknüpfung zwischen Finanz- und Wirtschaftssektoren und dem Ökosystem untersucht. Um die Klimakrise anzugehen, ist ihrer Ansicht nach ein radikales staatliches Eingreifen zur Regulierung des Finanzsystems notwendig. Außerdem sei es dringend erforderlich, den Finanzsektor den Interessen der Gesellschaft und der Zukunft des Planeten unterzuordnen. Gesellschaften sollten ihre Abhängigkeit vom Wirtschaftssystem des globalisierten Finanzkapitalismus aufgeben, das ökologische Katastrophen sowie ökonomische, politische und soziale Ungleichheit hervorbringt.[3]

Die amerikanische Version des Green New Deal ist umfassender, weil sie die Reduzierung der Treibhaus-

3 Ann Pettifor, *Green New Deal. Warum wir können, was wir tun müssen*, Hamburg: Hamburger Edition 2020.

gasemissionen ausdrücklich mit dem Ziel verknüpft, soziale Schieflagen zu bekämpfen. Sie schlägt konkrete politische Maßnahmen vor, um drei grundlegende Probleme zu lösen: die Klimakrise, Armut und *racial inequalities.* Der Plan verknüpft soziale, ökonomische und umweltbezogene Maßnahmen und räumt der Gleichheit Vorrang ein. Das soll die Unterstützung durch die breite Masse sicherstellen, deren Arbeitsplätze betroffen sein werden. Eine der zentralen Ideen ist, allen arbeitswilligen Menschen ohne Job Beschäftigung im Aufbau einer Infrastruktur zu garantieren, die Energieeffizienzkriterien einhält.

In Großbritannien hielt die Labour Party unter Jeremy Corbyn 2019 in ihrem Programm unter dem Stichwort einer »Green Industrial Revolution« ebenfalls fest, dass sich soziale und wirtschaftliche Gerechtigkeit nicht von Umweltgerechtigkeit trennen lasse. Labour, so hieß es dort, werde im Vereinigten Königreich für die Transformation von Industrie, Energiesektor, Verkehr, Landwirtschaft und Baubranche eine Million Arbeitsplätze schaffen und die Umwelt reparieren. Die Partei würde Maßnahmen für eine schnelle Dekarbonisierung der Wirtschaft fördern, gepaart mit Investitionen in nachhaltige, gut bezahlte und gewerkschaftlich organisierte Arbeitsplätze. Zudem würde sie neue Industrien ansiedeln, um die bisher benachteiligten Landesteile wiederzubeleben, und in jedem Wirtschaftssektor partnerschaftlich mit den Beschäftigten und den Gewerkschaften zusammenarbeiten.

Das Wahlprogramm kündigte zudem an, Energie- und Wasserversorgung in demokratisch kontrolliertes öffentliches Eigentum zu überführen. Diese Dinge sollten als Rechte statt als Waren behandelt werden. Sämtliche Überschüsse würden reinvestiert oder eingesetzt, um die Rechnungen der Menschen zu reduzieren. Öffentliches Eigentum gewährleiste die demokratische Kontrolle über für das Land strategisch wichtige Infrastrukturen und sorge für eine kollektive Verwaltung natürlicher Schlüsselressourcen. Diese Maßnahmen sollten zu einer radikalen Dezentralisierung der Macht führen, um den Menschen vor Ort und den Kommunen mehr Einfluss über ihr Leben und ihre Chancen zu geben.

All diese Vorschläge verlangen eine ökologische Wende, die neben ökologischen auch soziale Forderungen formuliert. Ihr Ziel ist es, den ökologischen Kampf in einen Zusammenhang mit anderen Kämpfen zu stellen, um eine gerechte und demokratischere Gesellschaft aufzubauen. Indem solche Vorschläge eine politische Grenze ziehen und einen Gegner definieren, tragen sie zur Politisierung ökologischer Fragen bei.

Die Klimabewegung muss politisiert werden, damit sie die zentrale Bedeutung der Ausbeutung von Arbeit berücksichtigt, und gleichzeitig müssen soziale Kämpfe die Dringlichkeit des Problems der Erderwärmung anerkennen. In *A Planet to Win* erklären wichtige Verfechter des Green New Deal in den USA:

> Ein Linkspopulismus, der eine wahrhaft *multiracial* Arbeiterschicht mobilisiert, ist ein entscheidender Schritt auf dem Weg zu einer gleicheren und gerechteren Gesellschaft – eine, die den Klimawandel überstehen und seine verheerendsten Auswirkungen verhindern kann. Diese Art von Politik zieht eine scharfe Grenze zwischen den Massen der Ausgeschlossenen und Ausgebeuteten, die wahrscheinlich am meisten leiden, und den Reichen und Mächtigen, die vom Status quo profitieren.[4]

Andere Projekte zielen ebenfalls auf eine radikale ökologische Wende, wenn auch unter anderen Namen, beispielsweise »L'avenir en commun« von Jean-Luc Mélenchons Partei La France insoumise. In ihrem Programm für die Union populaire, Mélenchons Wahlbündnis bei den Parlamentswahlen 2022, das die größten aktuellen Herausforderungen in den Blick nahm, trat die Partei für einen radikalen Kurswechsel ein und schlug eine Reihe von Maßnahmen vor, um eine ehrgeizige, staatlich geführte ökologische Strategie umzusetzen. Dazu gehörten Investitionen in Höhe von 200 Milliarden Euro in ökologische und soziale Programme sowie ein umfangreicher Plan, die Infrastruktur an den Klimawandel anzupassen. Sie umfassten auch die Verankerung der »grünen Regel« in der Verfassung, wonach der Natur nicht mehr entnommen wer-

4 Kate Aronoff, Alyssa Battistoni, Daniel Aldana Cohen und Thea Riofrancos, *A Planet to Win. Why We Need a Green New Deal*, London: Verso 2019, S. 183.

den darf, als sich ersetzen lässt, sowie die Kollektivierung grundlegender Gemeingüter wie Wasser und Luft, deren Nutzung und Schutz demokratisch kontrolliert werden soll. Weitere Vorschläge waren ein ökologischer und solidaritätsbasierter Protektionismus, damit Güter in Frankreich produziert werden; eine lokalisierte, diversifizierte ökologische Landwirtschaft, die 300 000 Arbeitsplätze schaffen soll; der Kampf gegen prekäre Arbeitsverträge; die Wiedereinführung einer Schutz bietenden Arbeitslosenversicherung; die Rückgängigmachung von Privatisierungen und die Einführung einer Finanztransaktionssteuer. Mit dem Wahlprogramm »L'avenir en commun« wurde der demokratische Charakter dieser ökologischen Wende betont: »Wir müssen den republikanischen Staat nach ökologischen und demokratischen Zielsetzungen umgestalten. Ökologische Planung muss auf der Kommune, der lebenswichtigen Ebene der Demokratie basieren.«[5]

Im Unterschied zu Vorschlägen wie dem Green Deal der Europäischen Union erkennen diese Projekte an, dass eine echte ökologische Wende nicht ohne eine Konfrontation mit dem Finanzkapitalismus stattfinden kann. Sie erfordert es, mit dem herrschenden Akkumulationsregime zu brechen, das von beispielloser Finanzialisierung und der Globalisierung des mit dem

5 Jean-Luc Mélenchon, *L'avenir en commun. Le programme pour l'Union populaire*, Paris: Seuil 2021, S. 45.

Wachstum umweltverschmutzender Industrien verknüpften Kapitals geprägt ist. Obwohl Uneinigkeit darüber besteht, welche Formen der Kampf für die Abschaffung der auf fossilen Brennstoffen basierenden Industrie annehmen soll, gilt er generell als überaus wichtig. Diese Industrie ist für die meisten Treibhausgasemissionen verantwortlich, die die Erderwärmung und die Versauerung der Meere verursachen. Und auch auf lokaler Ebene richtet sie ernst zu nehmende ökologische Schäden an.

Um die globale Erwärmung aufzuhalten, ist der Kampf gegen fossile Brennstoffe von enormer Bedeutung. Aber es bedarf mehr, um eine ökologische Wende samt eines neuen Entwicklungsmodells, das demokratische Rechte und soziale Gerechtigkeit garantiert, einzuläuten. Die chinesische Regierung hat jüngst angekündigt, das Land solle bis spätestens 2060 klimaneutral werden. Ein solches Ziel ist also offensichtlich mit einem autoritären Modell vereinbar. Darüber hinaus könnten sich auch Formen eines »grünen Kapitalismus« ohne die Ausbeutung fossiler Brennstoffe durchsetzen.

Verfechterinnen eines Green New Deal sind sich der Größe des Problems bewusst:

> Ein radikaler Green New Deal zielt auf die Punkte, an denen Sozial-, Wirtschafts- und Umweltpolitik unweigerlich miteinander verknüpft sind, und räumt der Gleichheit Priorität ein. […] Für ein stabiles Klima und eine gerechtere Welt müssen wir unseren auf fossilen Brennstoffen basierenden Le-

bensstil aufgeben und gleichzeitig Infrastrukturen aufbauen, die erneuerbare Energie gerecht verteilen. Wir müssen die mächtigste Industrie der Erde in rasantem Tempo abwickeln, sonst werden die Dinge, die wir aufbauen, um sie zu ersetzen, vergebens sein. Und das heißt: Wir müssen das fossile Kapital direkt bekämpfen.[6]

Diese Vorschläge sind zwar wichtig, aber ein Projekt, das die ökologische Frage in ihren vielfältigen Dimensionen anzugehen versucht, kann sich nicht auf den Kampf gegen den Kapitalismus beschränken. Die Wende darf nicht auf die Produktion beschränkt sein. Wie der indische Historiker Dipesh Chakrabarty argumentiert:

> Es ist zwar nicht zu leugnen, dass zwischen dem Klimawandel und der Geschichte des Kapitals ein enger Zusammenhang besteht, aber eine Kritik, die bloß das Kapital kritisiert, reicht nicht aus, um auf Fragen im Zusammenhang mit der menschlichen Geschichte einzugehen, nachdem die Klimakrise sich bestätigt und das Anthropozän angefangen hat, sich am Horizont unserer Gegenwart abzuzeichnen.[7]

Der Begriff »Anthropozän« wurde in den achtziger Jahren geprägt und später von dem niederländischen Meteorologen und Atmosphärenchemiker Paul J. Crutzen populär gemacht. Crutzen verwendete ihn erstmals im Jahr 2000, um eine neue geologische Epoche zu

6 Ebd., S. 31 und 19.

7 Dipesh Chakrabarty, *Das Klima der Geschichte im planetarischen Zeitalter*, Berlin: Suhrkamp 2022, S. 68.

kennzeichnen, in der Menschen zur dominanten Kraft in der Gestaltung des Erdklimas geworden sind. Über den Begriff herrscht jedoch Uneinigkeit. Manche sprechen lieber vom »Kapitalozän«, um auf die Bedeutung des Kapitalismus für diese Epoche hinzuweisen; oder vom »Plantationocene«, um der zentralen Rolle der Sklaverei und des Plantagensystems in Nord- und Südamerika für die gegenwärtige Umweltkrise Rechnung zu tragen. Aus dieser Debatte ist eine umfangreiche und vielfältige Literatur hervorgegangen.[8] Ich beschränke mich jedoch auf die Erkenntnisse in den Werken zum Anthropozän, die mir für die politische Sphäre wichtig erscheinen.

Aus der Erkenntnis, dass wir in eine neue Phase der Erdgeschichte mit einem neuen Klimaregime eingetreten sind, das die Existenz jeglichen Lebens auf der Erde gefährdet, lassen sich weitreichende Folgerungen ableiten. Das Anthropozän wirft eine ganze Reihe philosophischer und anthropologischer Fragen zum Verhältnis von Natur und Kultur, Menschen und Nichtmenschen auf. Zu akzeptieren, dass wir Teil der Natur sind, zwingt uns, eine andere Haltung zum Nichtmenschlichen einzunehmen und einige der Grundannahmen der Moderne infrage zu stellen.[9]

Es ließe sich tatsächlich argumentieren, dass der von

8 Einen guten Überblick über diese Literatur bieten Christophe Bonneuil und Jean-Baptiste Fressoz, *The Shock of the Anthropocene. The Earth, History and Us*, London/New York: Verso 2016.

9 Die beste Erörterung dieser Herausforderung bietet Pierre Charbon-

den Philosophen der Aufklärung vertretene Rationalismus auch für das Projekt der Naturbeherrschung verantwortlich ist, das zum Anthropozän geführt hat. Ihre rationalistischen Bestrebungen, Fortschritt als frei sowohl von Affekten als auch von der Natur zu sehen, sind der Ursprung des modernen Projekts, das Natur als unerschöpfliche Ressource betrachtet, die sich dank endloser technischer Entwicklung für unbegrenztes Wachstum nutzen lässt.

Einige behaupten, aus diesem Grund sollten wir das gesamte Projekt der Moderne ablehnen. Ich bin jedoch überzeugt, dass wir ebenso, wie wir die Verknüpfung des demokratischen Projekts der Aufklärung mit seinen Grundlagen in einer rationalistischen Epistemologie aufbrechen können, auch die demokratischen Ideale vor dem prometheischen Streben nach Beherrschung der Natur sowie vor den kapitalistischen und kolonialen sozioökonomischen Bedingungen retten können, die dieses Streben ermöglicht haben. Doch dafür müssen wir Demokratie anders denken. Wir müssen die privilegierte Stellung eines bestimmten Begriffs von Freiheit, verstanden als die Emanzipation von allen Formen natürlicher und sozialer Einschränkungen, hinterfragen. Und wir müssen den zentralen Wert der Gleichheit wiederherstellen, der durch die Hegemonie des liberalen Diskurses in den Hintergrund gedrängt

nier, *Überfluss und Freiheit. Eine ökologische Geschichte politischer Ideen*, Frankfurt am Main: Fischer 2022.

wurde. Das demokratische Projekt muss umdefiniert, von seinen rationalistischen Tendenzen befreit werden und sollte der Anerkennung der Bedürfnisse nichtmenschlicher Lebewesen einen Platz einräumen.

In *Hegemonie und radikale Demokratie* befassten Ernesto Laclau und ich uns mit dem Aufkommen neuer Formen von Konflikt und argumentierten dafür, die Forderungen der Arbeiterklasse mit denen der »sozialen Bewegungen« zu verknüpfen.[10] Außerdem schlugen wir vor, Sozialismus als »Radikalisierung der Demokratie« zu verstehen – als Erweiterung demokratischer Ideale auf ein breites Spektrum sozialer Beziehungen.

Mit der ökologischen Krise hat das Projekt einer Radikalisierung der Demokratie eine neue Dimension erreicht. Im 20. Jahrhundert standen die Frage der Ungleichheit und der Kampf für soziale Gerechtigkeit, im Sinne einer gerechten Verteilung der Erträge des Wachstums, im Zentrum des sozialistischen Projekts. Die Kämpfe der Neuen Sozialen Bewegungen ergänzen die Frage sozialer Gerechtigkeit um neue Sichtweisen, legen aber den Schwerpunkt auf Autonomie und Freiheit. Abgesehen von einigen ökologischen Bewegungen geht es ihnen nicht um den Charakter des Wachstums.

Mit dem neuen Klimaregime sind wir in eine Phase eingetreten, in der der Kampf für soziale Gerechtigkeit

10 Laclau/Mouffe, *Hegemonie und radikale Demokratie*, a. a. O.

die produktivistischen und extraktivistischen Modelle infrage stellen muss. Wachstum wird nicht länger als Quelle des Schutzes gesehen und ist zu einer Gefahr für die materiellen Bedingungen sozialer Reproduktion geworden. Eine Radikalisierung der Demokratie ist nicht mehr ohne das Ende eines Wachstumsmodells vorstellbar, das die Existenz der Gesellschaft gefährdet und dessen destruktive Auswirkungen die vulnerableren Gruppen besonders zu spüren bekommen.

Für den Kampf gegen das neue Klimaregime muss der antineoliberale Kampf mit dem ökologischen verbunden werden. In Anbetracht der ökologischen Krise ist es notwendig, das demokratische Projekt neu zu formulieren, und dazu gehören Kämpfe sowohl auf der Ebene der Produktion als auch auf der der Reproduktion (verstanden im weiten Sinn des gesamten Lebens auf der Erde, nicht nur der menschlichen Reproduktion). Eine Kritik, die sich ausschließlich auf den Kapitalismus fokussiert, reicht daher nicht mehr aus – sie muss um die Kritik des Anthropozän ergänzt werden.

Es gibt noch ein weiteres Problem, das ich ansprechen muss. Ich halte die Vorschläge für einen Green New Deal zwar für unverzichtbar, um die politischen Maßnahmen ins Auge zu fassen, die für den Kampf gegen den Neoliberalismus und seine schädlichen Folgen für das Klima notwendig sind. Aber ich glaube nicht, dass diese Vorschläge allein die gemeinsamen Affekte hervorbringen werden, ohne die ein für die ökologische

Wende notwendiger kollektiver Wille nicht zustande kommt. Damit Ideen Affekte wecken, müssen sie sich, wie der griechisch-französische Philosoph und Psychoanalytiker Cornelius Castoriadis es formuliert hat, mit »imaginären Signifikationen« verbinden, die die soziale Welt einer Gesellschaft hervorbringen.[11]

In vielen Gesellschaften ist es die affektive Kraft des demokratischen Imaginären, das die Signifikationen geliefert hat, die Menschen zum Handeln motivieren. Wie Massenmobilisierungen der jüngsten Zeit belegen, spielen demokratische Werte, trotz ihrer Degradierung durch den Neoliberalismus, nach wie vor eine wichtige Rolle im demokratischen sozialen und politischen Imaginären. Dieses Imaginäre besteht aus einem Repertoire gesellschaftlicher Signifikationen, die durch die Auswirkungen diskursiver Praktiken transformiert werden. Einer der Knotenpunkte dieses Imaginären ist der Signifikant »Demokratie«, der allerdings ein gleitender Signifikant mit einer nur partiell festgelegten Bedeutung ist, die je nach unterschiedlichen Artikulationstypen variiert. Im 19. Jahrhundert veränderte sich das demokratische Imaginäre durch die Einbeziehung sozialer Forderungen unter dem Einfluss des Sozialismus tiefgreifend. Und angesichts des neuen Klimaregimes erleben wir nun neue Artikulationsformen des demo-

11 Cornelius Castoriadis, »Das Imaginäre. Die Schöpfung im gesellschaftlich-geschichtlichen Bereich«, in: *Ausgewählte Schriften*, Bd. 3: *Das imaginäre Element und die menschliche Schöpfung*, Lich: Edition AV 2010, S. 25-47.

kratischen Ideals. So wurden beispielsweise Vorschläge gemacht, um die Bedeutung von »Rechten« auszuweiten. In verschiedenen Ländern forderten diverse Initiativen, nichtmenschlichen Entitäten wie Flüssen und Wäldern Rechte zuzugestehen. 2017 ist das in Kolumbien mit dem Atrato, in Neuseeland mit dem Whanganui und in Indien mit dem Ganges und dem Yamuna geschehen.[12]

Damit antineoliberale und ökologische Kämpfe die notwendige Transformation herbeiführen können, müssen sie Affekte politischer und ökologischer Art mobilisieren, deren Ausdruck imstande ist, ein »Volk« zu konstruieren. Wie gesagt: Ein »Volk« ist keine soziologische Kategorie, sondern eine diskursive Konstruktion mit einer symbolischen und libidinösen Dimension. Es vereint eine Vielzahl demokratischer Ansprüche und erfordert ein Artikulationsprinzip, einen »hegemonialen Signifikanten«, um den sich gemeinsame Affekte kristallisieren können. Dank dieses hegemonialen Signifikanten lässt sich eine Äquivalenzkette heterogener Forderungen etablieren, damit sie in einem »Wir« zusammenfließen, das trotz der Differenzen zwischen seinen Komponenten auf ein gemeinsames Ziel hinarbeitet.

Was ist der hegemoniale Signifikant, der politische und ökologische Affekte für die Entstehung eines sol-

12 Vgl. die Blog-Serie »›Nature and its rights‹. Young researcher's seminar April 2020«, online verfügbar unter: {https://rivers-ercproject.eu/blog/} (Stand Februar 2023).

chen Volkes aktivieren könnte? Ich schlage vor, die vom Green New Deal angestrebte ökologische Wende im Sinne einer »Grünen demokratischen Revolution« als neue Front in der Radikalisierung der Demokratie zu sehen: Sie definiert demokratische Prinzipien um und weitet sie auf neue Bereiche und eine Vielzahl sozialer Beziehungen aus. So verstanden, reaktiviert und ergänzt die Grüne demokratische Revolution das demokratische Imaginäre und sorgt für den notwendigen hegemonialen Signifikanten, um eine Äquivalenzkette herzustellen. Sie würde die Rolle eines »Mythos« im Sinne des französischen Philosophen Georges Sorel übernehmen, eine Idee, deren Macht, die Zukunft zu antizipieren, der Gegenwart eine neue Gestalt verleiht. Ein solches Narrativ vermittelt Affekte, die wirkmächtiger und glaubwürdiger sein könnten als konkurrierende neoliberale Diskurse und die den Impuls liefern könnten, eine gesellschaftliche Mehrheit entstehen zu lassen.

Das Überleben des Planeten und der Fortbestand der Bedingungen, die ihn bewohnbar machen, ist ein Ziel, das unmittelbar sehr viele Menschen sowie Bewegungen mit heterogenen Forderungen betrifft: Gewerkschaften, um sozioökonomische Fragen organisierte Gruppen, in feministischen, antirassistischen, antikolonialen und LGBTQ+-Kämpfen Engagierte. Unter normalen Umständen verfolgen sie ihre je spezifischen Interessen. Aber angesichts der Dringlichkeit der ökologischen Krise zeigt sich ihnen noch einmal die Notwendigkeit, sich für den Kampf gegen die für die Klimakrise verantwortlichen Kräfte zusammenzuschließen und das Erstarken autoritärer Antworten zu verhindern. Ihre Forderungen sind demokratisch, wenn auch auf unterschiedliche Art und Weise, und in Anbetracht der ihnen gemeinsamen Opposition gegen Autokratie können sie sich mit der Vision identifizieren, die die Grüne demokratische Revolution bietet. Dieses Projekt hat das Potenzial, in diversen Gruppen starke Affekte zu generieren. Auch könnte es Anklang finden bei denjenigen, die Schutz und Sicherheit fordern und für Gleichheit und gegen unterschiedliche Formen von Unterdrückung kämpfen.

Damit eine solche Identifikation stattfindet, müssen nicht alle Beteiligten dieselbe Weltsicht teilen. Sie können unterschiedliche religiöse oder philosophische Ansichten vertreten. Ihre Sorge um die Umwelt kann verschiedenen Quellen entspringen, sie können vielfältige Ansätze verfolgen, doch diese Differenzen sollten kein unüberwindbares Hindernis darstellen. Sie müssen sich nicht auf ein umfassendes politisches Programm einigen. Manche werden ihre Ziele in einem »Ökosozialismus« sehen, andere werden lieber von einer »Revolution der Bürger« sprechen.[13] Aber sie haben einen gemeinsamen Gegner und den Willen, einen bewohnbaren Planeten zu erhalten, um die Zukunft einer de-

13 Zu einer eloquenten Verteidigung der ökosozialistischen Vision siehe Paul Magnette, *La vie large. Manifeste écosocialiste*, Paris: La Découverte 2022.

mokratischen Gesellschaft zu sichern, die ihnen die Chance bietet, ihre spezifischen Kämpfe in agonistischen öffentlichen Räumen zu führen.

Eine Strategie, wie ich sie unter dem Stichwort einer Grünen demokratischen Revolution skizziert habe, ist am besten geeignet, die demokratischen Kämpfe gegen verschiedene Formen von Unterdrückung, Ausbeutung und Diskriminierung mit dem für die Bewahrung eines bewohnbaren Planeten zu verbinden. Die Stärke einer solchen linkspopulistischen Strategie liegt darin, dass sie, indem sie eine politische Grenze zieht, den konfrontativen Charakter der Politik ernst nimmt und die Bedeutung anerkennt, die eine Mobilisierung gemeinsamer Affekte für die Konstruktion eines »Wir« hat.

Für eine echte ökologische Wende, so betonen die Verfechter einer Grünen demokratischen Revolution, ist es notwendig, den mächtigen ökonomischen Kräften, die sich ihr widersetzen, entgegenzutreten und mit der neoliberalen Ordnung zu brechen. Aber sie heben auch den demokratischen Charakter dieser Wende hervor und stellen sich diesen Bruch gemäß der Strategie vor, die der Soziologe Erik Olin Wright als »Erosion des Kapitalismus« definiert hat.[14] Das Ziel lautet nicht, den Kapitalismus zu »zerschlagen«, sondern ihn durch die Umsetzung einer Reihe »nichtreformistischer« Re-

14 Erik Olin Wright, *Linker Antikapitalismus im 21. Jahrhundert. Was es bedeutet, demokratischer Sozialist zu sein*, Hamburg: VSA 2019.

formen, wie der Sozialphilosoph André Gorz es genannt hat, und durch die Entwicklung alternativer Institutionen zu ersetzen, etwa durch kooperative und Bottom-up-Initiativen aus der Zivilgesellschaft zu ersetzen, die durch egalitäre Beziehungen charakterisierte ökonomische Aktivitäten fördern.

Der Staat muss in einer Grünen demokratischen Revolution ein wichtiger Akteur sein; denn ohne ökologische Planung wird es, wie viele Ökonominnen einräumen, nicht möglich sein, den notwendigen Übergang zu erneuerbaren Energien zu vollziehen. Es ist eine Illusion zu glauben, die für die ökologische Wende erforderliche Transformation könne allein von sozialen Bewegungen herbeigeführt werden. Aktivisten und ökologische Gruppierungen spielen zwar eine wesentliche Rolle, aber ohne Wahlen zu gewinnen und staatliche Macht zu erlangen lassen sich nicht die nötigen Bedingungen herstellen, um der Macht des fossilen Kapitals entgegenzutreten. Um Entscheidungen auf staatlicher Ebene zu beeinflussen, ist es unbedingt erforderlich, sich politisch zu organisieren. Alle, die sich in ökologischen Kämpfen engagieren, sollten sich klarmachen, dass sie keine entscheidenden Fortschritte erreichen können, wenn sie sich erst gar nicht auf Parteipolitik einlassen.

Die erforderliche ökologische Wende als eine Grüne demokratische Revolution zu fassen könnte meiner Ansicht nach die für die Linke derzeit notwendige Strategie liefern. Mit ihr sollte es möglich sein, erfolgreich den Versuchen zu begegnen, das Gefühl der Verletzlichkeit, das durch die soziale, wirtschaftliche und klimatische Krise erzeugt worden ist, und die dadurch generierten Affekte für die Förderung autoritärer Formen von Sicherheit und Schutz einzuspannen. Diese Bedürfnisse lassen sich auf progressive Weise artikulieren, und es wäre ein schwerwiegender Fehler, sie zu vernachlässigen. Der Neoliberalismus versucht gegenwärtig, diese Bedürfnisse für autoritäre Zwecke zu nutzen. Die Linke muss einen solchen Schritt verhindern, und zwar indem sie die Vorstellung von Schutz mit der Verteidigung der Bewohnbarkeit des Planeten verbindet im Sinne dessen, was der Soziologe Paolo Gerbaudo »Protektivismus« nennt. Dieser »umfasst eine große Bandbreite politischer Maßnahmen, einschließlich Sozialhilfe, Arbeitnehmervertretungen, Umweltschutz und andere soziale Formen der Unterstützung«.[15] Eine Grüne demokratische Revolution zielt darauf, die Gesellschaft und ihre materiellen Existenzbedingungen zu verteidigen und Schutz und Sicherheit auf eine Weise zu gewährleisten, die Menschen ermächtigt, statt sie dazu zu bringen, sich in defensiven Nationalismus oder in ein passives Hinnehmen algorithmischer Formen von Gouvernementalität zurückzuziehen.

Ein solches Projekt könnte ein breites Spektrum demokratischer Forderungen vereinen, weil es sich der

15 Paolo Gerbaudo, *The Great Recoil. Politics after Populism and Pandemic*, London: Verso 2021, S. 112.

Herausforderung durch das neue Klimaregime stellt und zugleich für soziale Gerechtigkeit sorgt und Solidarität fördert. Die Aktivierung von Leidenschaften, die für das demokratische Imaginäre von zentraler Bedeutung sind, sollte Menschen motivieren, sich politisch zu engagieren. Das Ziel sollte darin bestehen, die Bedingungen für eine Gesellschaft herzustellen, in der die demokratischen Prinzipien der Gleichheit und Freiheit neu formuliert und ausgeweitet werden, auf alle Menschen wie auch auf Nichtmenschen. Eine solche linkspopulistische Strategie ist heute, so behaupte ich, relevanter denn je.

Postskriptum

Dieses Buch war gerade fertiggestellt, als Russland in die Ukraine einmarschierte. Die möglichen Auswirkungen sind derzeit nur schwer einzuschätzen. Die russische Invasion ist zwar territorial begrenzt, hat aber globale Folgen und hat schon jetzt in vielen Bereichen tiefgreifende Veränderungen gezeitigt. Plötzlich finden wir uns in einer anderen Situation wieder und sind gezwungen, uns neuen Herausforderungen zu stellen. Zusätzlich zu der durch die Pandemie verursachten wirtschaftlichen und sozialen Krise und der ökologischen Notlage sehen wir uns nun auch noch mit neuen geopolitischen Herausforderungen konfrontiert.

Der Krieg hat die Veröffentlichung des letzten Berichts des Weltklimarates überschattet, und es besteht die Gefahr eines beträchtlichen Rückschritts im Kampf gegen die Erderwärmung. Gegenwärtig überdenken viele Regierungen ihre Energiepolitik. Einige stellen bereits ihre eingegangenen Verpflichtungen, Treibhausgasemissionen zu reduzieren, infrage. Die Industrien für fossile Brennstoffe nutzen die Situation für eine Offensive, um die Maßnahmen zu blockieren, mit denen ihre Expansion kontrolliert werden soll. Bestrebungen, die Energieabhängigkeit von Russland zu reduzieren, könnten zu überzogenen Investitionen in die Infrastruktur für Flüssigerdgas führen. *Liquefied natural gas*, kurz: LNG, hat einen größeren Karbonfußabdruck als durch Pipelines transportiertes Gas. Zudem gehen die erheblich gestiegenen Militärausgaben auf Kosten der für die Energiewende notwendigen Investitionen.

Dies ist ein entscheidender Moment im Kampf für eine Radikalisierung der Demokratie. Es kommt eine neue Dimension zu den Bedürfnissen nach Schutz und Sicherheit hinzu, die von den neoliberalen Kräften ausgenutzt werden, um Zeit zu gewinnen. Das Bewusstsein für die Gefahren der Energieabhängigkeit könnte ihnen tatsächlich in die Hände spielen und ihre Macht stärken. Aber die Notwendigkeit, sich vom russischen Gas zu lösen, könnte auch als Signal begriffen werden, wie wichtig es ist, schneller zu erneuerbaren Energien überzugehen. Die Linke muss diese Chance nutzen. Intensive Krisenmomente bieten eine Gelegenheit, sich zwischen klar definierten Alternativen zu entscheiden. Die Zukunft wird davon abhängen, wie Menschen die Lage wahrnehmen, sowie von der Möglichkeit, sie davon zu überzeugen, dass die ökologische Wende beschleunigt werden muss. Das sollte durch eine linkspopulistische Strategie erfolgen, die soziale Kämpfe im Rahmen einer Grünen demokratischen Revolution mit ökologischen verbindet.

Der Krieg in der Ukraine – sowie die große Bandbreite von Reaktionen auf den Konflikt – verdeutlicht einmal mehr die Unangemessenheit des rationalistischen Politikansatzes. Er rückt zwar die gefährliche Rolle in den Vordergrund, die Affekte spielen können, aber er offenbart auch, wie sie zur Konstruktion einer demokratischeren Gesellschaft beitragen können. Aus diesem Grund ist es von entscheidender Bedeutung, zu verstehen, welche Rolle Affekte in der Politik spielen und wie wichtig es ist, sie zu mobilisieren und in eine progressive Richtung zu lenken.

Danksagung

Ich danke Leticia Sabsay, Yannis Stavrakakis und Erna von der Walde für ihre hilfreichen Vorschläge zu mehreren Aspekten dieses Buches.

Mein Dank gilt auch Leo Hollis, meinem Lektor bei Verso, für seine Unterstützung.

edition suhrkamp
Eine Auswahl

Bini Adamczak. Beziehungsweise Revolution. 1917, 1968 und kommende. es 2721. 313 Seiten

Bruno Amable / Stefano Palombarini. Von Mitterrand zu Macron. Über den Kollaps des französischen Parteiensystems. es 2727. 255 Seiten

Perry Anderson. Hegemonie. Konjunkturen eines Begriffs. es 2724. 249 Seiten

Scott Anderson. Zerbrochene Länder. Wie die arabische Welt aus den Fugen geriet. es-Sonderdruck. 263 Seiten

Wolfgang Bauer
- Bruchzone. Krisenreportagen. es-Sonderdruck. 349 Seiten
- Über das Meer. Mit Syrern auf der Flucht nach Europa. es-Sonderdruck. 133 Seiten

Zygmunt Bauman
- Die Angst vor den anderen. Ein Essay über Migration und Panikmache. es-Sonderdruck. 124 Seiten
- Retrotopia. es-Sonderdruck. 220 Seiten

Michael Butter. »Nichts ist, wie es scheint«. Über Verschwörungstheorien. es-Sonderdruck. 270 Seiten

Ann Cotten
- Die Anleitungen der Vorfahren. es-Sonderdruck. 157 Seiten
- Verbannt! Versepos. es-Sonderdruck. 168 Seiten

NF 383/1/03.23

Colin Crouch
- Postdemokratie revisited. es 2761. 278 Seiten
- Gig Economy. Prekäre Arbeit im Zeitalter von Uber, Minijobs & Co. es 2742. 135 Seiten
- Postdemokratie. es 2540. 159 Seiten

Adrian Daub
- Cancel Culture Transfer. Wie eine moralische Panik die Welt erfasst. es 2794. 371 Seiten
- Was das Valley denken nennt. Über die Ideologie der Techbranche. es 2750. 158 Seiten

Didier Eribon
- Gesellschaft als Urteil. Klassen, Identitäten, Wege. es-Sonderdruck. 264 Seiten
- Rückkehr nach Reims. es-Sonderdruck. 237 Seiten

Nancy Fraser. Der Allesfresser. Wie der Kapitalismus seine eigenen Grundlagen verschlingt. es-Sonderdruck. 282 Seiten

Heinrich Geiselberger (Hg.). Die große Regression. Eine internationale Debatte über die geistige Situation der Zeit. es-Sonderdruck. 318 Seiten

Masha Gessen. Leben mit Exil. Über Migration sprechen. 98 Seiten

Kristen R. Ghodsee. Warum Frauen im Sozialismus besseren Sex haben. Und andere Argumente für ökonomische Unabhängigkeit. es-Sonderdruck. 275 Seiten

Marius Goldhorn. Park. Roman. es 2764. 179 Seiten

Mark Greif. Bluescreen. Essays. es 2629. 231 Seiten

NF 383/2/03.23

Jürgen Habermas. Im Sog der Technokratie. Kleine politische Schriften XII. es 2671. 193 Seiten

Lea Haller. Transithandel. Geld- und Warenströme im globalen Kapitalismus. es 2731. 512 Seiten

Sabine Hark. Gemeinschaft der Ungewählten. Umrisse eines politischen Ethos der Kohabitation. es 2774. 271 Seiten

David Harvey. Rebellische Städte. es 2657. 283 Seiten

Wilhelm Heitmeyer. Autoritäre Versuchungen. Signaturen der Bedrohung 1. es 2717. 394 Seiten

Axel Honneth. Vivisektionen eines Zeitalters. Porträts zur Ideengeschichte des 20. Jahrhunderts. es 2678. 307 Seiten

Eva Illouz. Israel. Soziologische Essays. es 2683. 228 Seiten

Dirk Jörke. Die Größe der Demokratie. Über die räumliche Dimension von Herrschaft und Partizipation. es 2739. 280 Seiten

François Jullien. Es gibt keine kulturelle Identität. es 2718. 95 Seiten

Susanne Kaiser. Politische Männlichkeit. Wie Incels, Fundamentalisten und Autoritäre für das Patriarchat mobilmachen. es 2765. 268 Seiten

Ariane Koch. Die Aufdrängung. Roman. es 2784. 179 Seiten

Ivan Krastev. Europadämmerung. Ein Essay. es 2712. 143 Seiten

NF 383/3/03.23

Nils C. Kumkar. Alternative Fakten. Zur Praxis der kommunikativen Erkenntnisverweigerung. 336 Seiten

Benjamin Kunkel. Utopie oder Untergang. Ein Wegweiser für die gegenwärtige Krise. es 2687. 245 Seiten

Bruno Latour
- Das terrestrische Manifest. es-Sonderdruck. 136 Seiten
- Wo bin ich? Lektionen aus dem Lockdown. es 2771. 199 Seiten

Bruno Latour / Nikolaj Schultz. Zur Entstehung einer ökologischen Klasse. Ein Memorandum. es-Sonderdruck. 93 Seiten

Philipp Lepenies. Die Macht der einen Zahl. Eine politische Geschichte des Bruttoinlandsprodukts. es 2673. 186 Seiten

Enis Maci. Eiscafé Europa. Essays. es 2726. 240 Seiten

Philip Manow
- (Ent-)Demokratisierung der Demokratie. es 2753. 160 Seiten
- Die Politische Ökonomie des Populismus. es 2728. 160 Seiten

Lorenzo Marsili/Niccolò Milanese. Wir heimatlosen Weltbürger. es 2736. 280 Seiten

Steffen Mau. Das metrische Wir. Über die Quantifizierung des Sozialen. es-Sonderdruck. 307 Seiten

Robert Misik
- Das große Beginnergefühl. Moderne, Zeitgeist, Revolution. es 2788. 284 Seiten
- Die falschen Freunde der einfachen Leute. es 2741. 138 Seiten

NF 383/4/03.23

Chantal Mouffe. Für einen linken Populismus. es 2729. 111 Seiten

Jan-Werner Müller
- Furcht und Freiheit. Für einen anderen Liberalismus. es-Sonderdruck. 170 Seiten
- Was ist Populismus? Ein Essay. es-Sonderdruck. 159 Seiten

Oliver Nachtwey. Die Abstiegsgesellschaft. Über das Aufbegehren in der regressiven Moderne. es 2682. 263 Seiten

Ole Nymoen/Wolfgang M. Schmitt. Influencer. Die Ideologie der Werbekörper. es-Sonderdruck. 191 Seiten

Volker Perthes. Das Ende des Nahen Ostens, wie wir ihn kennen. es-Sonderdruck. 143 Seiten

Paul B. Preciado. Ein Apartment auf dem Uranus. Chroniken eines Übergangs. es-Sonderdruck. 368 Seiten

Adam Przeworski. Krisen der Demokratie. es 2751. 256 Seiten

Jedediah Purdy. Die Welt und wir. Politik im Anthropozän. es-Sonderdruck. 186 Seiten

Katharina Raabe / Kateryna Mishchenko (Hg.). Aus dem Nebel des Krieges. Die Gegenwart der Ukraine. es-Sonderdruck. 288 Seiten

Hanno Rauterberg
- Die Kunst der Zukunft. Über den Traum von der kreativen Maschine. es 2775. 195 Seiten
- Wie frei ist die Kunst? Der neue Kulturkampf und die Krise des Liberalismus. es 2725. 141 Seiten

NF 383/5/03.23

Andreas Reckwitz. Das Ende der Illusionen. Politik, Ökonomie und Kultur in der Spätmoderne. es 2735. 305 Seiten

César Rendueles
- Gegen Chancengleichheit. Ein egalitaristisches Pamphlet. es-Sonderdruck. 329 Seiten
- Kanaillen-Kapitalismus. Eine literarische Reise durch die Geschichte der freien Marktwirtschaft. es 2737. 300 Seiten
- Soziophobie. Politischer Wandel im Zeitalter der Utopie. es 2690. 262 Seiten

Rachel Salamander. Heine und der deutsche Donner. Heine-Preis 2020. Laudatio: Frank-Walter Steinmeier. es-Sonderdruck. 48 Seiten

Grégory Salle. Superyachten. Luxus und Stille im Kapitalozän. 170 Seiten

Michel Serres. Was genau war früher besser? Ein optimistischer Wutanfall. es-Sonderdruck. 80 Seiten

Olga Shparaga. Die Revolution hat ein weibliches Gesicht. Der Fall Belarus. es 2769. 231 Seiten

Peter Sloterdijk. Die Reue des Prometheus. Von der Gabe des Feuers zur globalen Brandstiftung. es-Sonderdruck. 80 Seiten

Philipp Staab
- Anpassung. Leitmotiv der nächsten Gesellschaft. es 2779. 240 Seiten
- Digitaler Kapitalismus. Markt und Herrschaft in der Ökonomie der Unknappheit. es-Sonderdruck. 345 Seiten

NF 383/6/03.23

Carlo Strenger
- Abenteuer Freiheit. Ein Wegweiser für unsichere Zeiten. es-Sonderdruck. 122 Seiten
- Diese verdammten liberalen Eliten. Wer sie sind und warum wir sie brauchen. es-Sonderdruck. 172 Seiten

Natascha Strobl. Radikalisierter Konservatismus. Eine Analyse. 192 Seiten

Kate Tempest
- Brand New Ancients/Brandneue Klassiker. Lyrik. es 2733. 103 Seiten
- Let Them Eat Chaos. Sollen sie doch Chaos fressen. es 2754. 154 Seiten

Philipp Ther. Das andere Ende der Geschichte. Über die Große Transformation. es 2744. 199 Seiten

David Van Reybrouck. Zink. es-Sonderdruck. 86 Seiten

Raul Zelik. Wir Untoten des Kapitals. Über politische Monster und einen grünen Sozialismus. es 2746. 328 Seiten

Slavoj Žižek. Auf verlorenem Posten. es 2562. 319 Seiten

Gabriel Zucman. Steueroasen. Wo der Wohlstand der Nationen versteckt wird. es-Sonderdruck. 118 Seiten

NF 383/7/03.23